儲かる社長の方位のルール

目に見えないものだからこそ…

古代・いにしえより
語り継がれてきた方位

…しかし、目に見えないものは
どうしても迷信と思われがちです。

あなたが、
いつ＝時期、どこ＝方位に
動いたのか…？

すべては、その時から始まる。

まえがき

はじめまして、方位学鑑定家の柴山壽子と申します。

この本を手にとってくださった方は、経営者が多いかと思いますので、いきなりですが、お伺いします。あなたの会社の経営はうまくいっていますか？

売り上げは伸びているでしょうか？

資金繰りに悩まされていませんか？

「おかげさまで……」と笑顔で答えられる方もいらっしゃるでしょうし、「それが、どうも……」と浮かない顔の方も少なくないのではないでしょうか。

ビジネスにおいては、どんなに頑張ってもなかなかうまくいかないこともありますし、逆に何もかも不思議なほどうまくいくときもあります。

なぜでしょう？

うまくいくときは **「運が良かった」** と思い、うまくいかないときは **「運が悪かった」**

と思う人がいるかもしれません。

では、その「**運**」とは何でしょうか?

よく、運・不運というような言い方をしますが、運というのは偶然のもので、人間の力ではどうすることもできないのでしょうか。

できるものなら運を味方につけて(開運して)、成功したい。

経営者なら誰だって、そう思うでしょう。

じつは、それができるのです。

この本で、その方法をお伝えしようと思います。

一人で悩んでいないで、ぜひこの本を読んで、次の一歩を踏み出しましょう、力強く。

前置きはこれくらいにして、まずは私自身が方位学に出合うまでの体験談の紹介から始めましょう。続いて方位学に出合い、方位の力を活用して成功者となった経営者の方々の体験談をご紹介します。

この本を最後まで読んでくださったら、方位学とはどんなものであるのか、どうすればいいたださ運を味方につけて開運することができるのか、そのノウハウがおわかりいただけると思います。

なお、この本でご紹介した事例はすべて事実に基づいたものですが、個人情報保護のため場所や職業などが特定できないように多少の変更を加えてあります。あらかじめご了承ください。

この本が、あなたが成功者への第一歩を踏み出す一助になれば幸いです。

柴山壽子

目次

第1章　私の方位学人生（Part 1）

第2章　方位学、基本の基

第3章　そのとき経営者たちは、どう動いたか

第4章　まず自分自身の星を知ろう

第5章　あなたはどんな運命の人？　どんなタイプの経営者？

第6章　「儲かる社長」になるには

第7章　私の方位学人生（Part 2）

第1章　私の方位学人生（Part 1）

「もう二度と、占いなんか信じるものかっ！」

正直にお話しすれば、私は過去のある時期、あらゆる種類の占いや易、姓名判断、人相学や方位学・家相などというものを、まったく信じていませんでした。

それらのものに対する極度の不信感で、こりかたまっていたのです。

なぜかといいますと、じつは若いころからそうしたものに興味をいだいて、本を読んで自分で勉強したり、けっして安くはないお金を用意して、易学の専門家や霊能力者のところへ相談しに行ったりしていたのですが、事態はちっとも良くならず、ほとんど裏切られていたからです。

そしてあるとき、私にとって決定的な事件が起こりました。

そのころ、夫の病気などいろいろな問題をかかえていたので、のちに占星術の本がベストセラーになる有名な占星術師のところへ、３カ月待たされた後に相談に行ったのです。それも高額のお金を払って。

私の話を聞いたその人は、高圧的な口調でこう言いました。

「あんたのところに仏壇は？」

「いえ、ないんです」

「だからダメなんだ。苦労が絶えないのは、そのせいだよ！　子どもは何人いるの？」

「娘二人です」

「あぁ、根無し草だね」

吐き捨てるように言ったその言葉は、私の胸にグサリと突き刺さりました。

「根無し草」と言ったのは、娘だけなら、婿をとる以外に家を根づかせる（家名を存続させる）方法はないという意味でしょう。

しかし、そんな言い方ってあるでしょうか。

その人の態度やものの言い方は、悩みをかかえて困りはてて相談にくる、いわば弱い立場の人たちに対するものでは、とてもないように私には思えました。

結局、有効なアドバイスを得ることもなく、驕慢《きょうまん》な人間の威圧的な言葉にすごく不愉快な思いをさせられただけで、高額のお金をドブに捨てたようなものでした。猛烈に頭にきました。

「はらわたが煮えくりかえる」とは、こういうことを言うのでしょう。

「もう二度と、金輪際《こんりんざい》、占いなんか信じるものかーっ！」

と、心の中で叫んでいました。

それから長い間、私は占いや易のたぐいを、いっさい信じようとしませんでした。それまで信じようとし続けた反動もあったのでしょうか、かたくなに心を閉ざしてしまったのです。

ところが、ところがです。あるとき、一つのことがきっかけとなって、心の底から悟ることになったのです。

「ああ、占いや易とは別に、やっぱり良い方位、悪い方位というものはあるのだ。方

位学はまぎれもなく真実の学問である」と。

そう悟るに至った経緯をご説明するには、私の生い立ちからお話した方がわかりやすいのではないかと思います。

できればこのような私事、それもつらい体験をふくむ不幸な出来事の数々は、あまり積極的にお話したくはないのですが、私がなぜ「方位学」などというものを信じるようになったかを読者のみなさまにご理解していただくためには、どうしても真実を知っていただくことが必要と思い、覚悟をきめてお話しすることにしました。

これからお話しすることは、すべてありのままの事実です。いささかの誇張も脚色もありません。ちょっと長い話になりますが、しばらくおつきあいください。

本屋で偶然見つけた一冊の本

私が生まれたのは茨城県土浦市です。幼少時代を土浦で暮らし、その後、母の実家（現つくば市）へと移りました。

家は土浦市と下館市を結ぶ国道沿いにあり、母がお店を営んでいました。お店は平屋でしたが、食堂と子どもたちが使う文房具や、ちょっとした雑貨が置いてあり、母がひとりで切り盛りしていたのです。

父はふつうの民間会社に勤めるサラリーマンで、お酒も飲まない真面目な人でしたが、ギャンブルに目がないのが唯一にして最大の欠点でした。それが原因で、ときどき大きな借金をつくり、母もずいぶん苦労したようです。

両親と私、そして弟と妹の一家５人はここに住んでいたのですが、寝起きする住居はこのお店とは別棟で、歩いて数歩ほどはなれた裏手の方にありました。

小学生から中学生と、私はこの家でずっと暮らしていたのですが、あるとき事情があって転校することになり、私だけ土浦の祖母（父の母）の家に引っ越し、そこから学校へ通うことになりました。

その後、お店をリフォームして、母が新しく小料理のお店を始めることになりました。平屋のままではありましたが、四畳半の部屋が五つと、５、６人座れるカウンターのあるつくりにしたのです。

そしてこのお店が、**流行りに流行りました**。近くにこのようなお店があまりなかったこと、また母が料理にはこだわる人だったので、その味が評判となり、口こみで広がったのでしょう。

とにかくいつも満員、予約しないと席がとれないほどで、客層も良く、売り上げも１日20万円以下の日はなかったようです。今から約40数年前のことですから、額としてもちょっとしたものでした。

人間は成長してある年齢になると、**「人間とはなにか」「人生とはなにか」「人の運命とは」**などという哲学的な問題について、考えるようになるものです。

高校に合格したとき、私にもそんな意識が芽生えていたのでしょうか、本屋さんで偶然見つけた1冊の本を買いました。それは多湖輝先生（故千葉大学名誉教授・東京未来大学名誉学長）のお書きになった読心術の本でした。

高校の3年間ずっとその本を身近に置き、くり返し読んだおかげで、人間の心というもの、そして人間そのものや人生、といったようなことまで考えるようになったのです。

やがて興味はさらに広がり、**「人間の運命って、いったいなんだろう。これは絶対的に定まっているもので、人間の力では変えられないものなのだろうか？」**という疑問から、トランプ占いや人相学、占星術、姓名判断など、そうした関係のさまざまな本を読み、独学で勉強するようになっていきました。

20代前半に結婚したのですが、結婚してからも占い関係の本はいつも手もとにありました。

そして、二人のかわいい娘たちに恵まれ、ときどき私たち家族の将来を占ってみたりしながら、穏やかな日々を過ごしていました。

今にして考えれば、私の人生の中でもほんとうに幸せな時期だったと思います。ただ一つ、主人の気がかりな病気のことを除けば……。

大凶相の家がまねいた数々の不幸

母のお店は順調だったのですが、昭和49年に一つの転機が訪れました。

住んでいた家が古くなったので、お店に隣接するかたちで新築することにしたのです。

大凶相だった実家

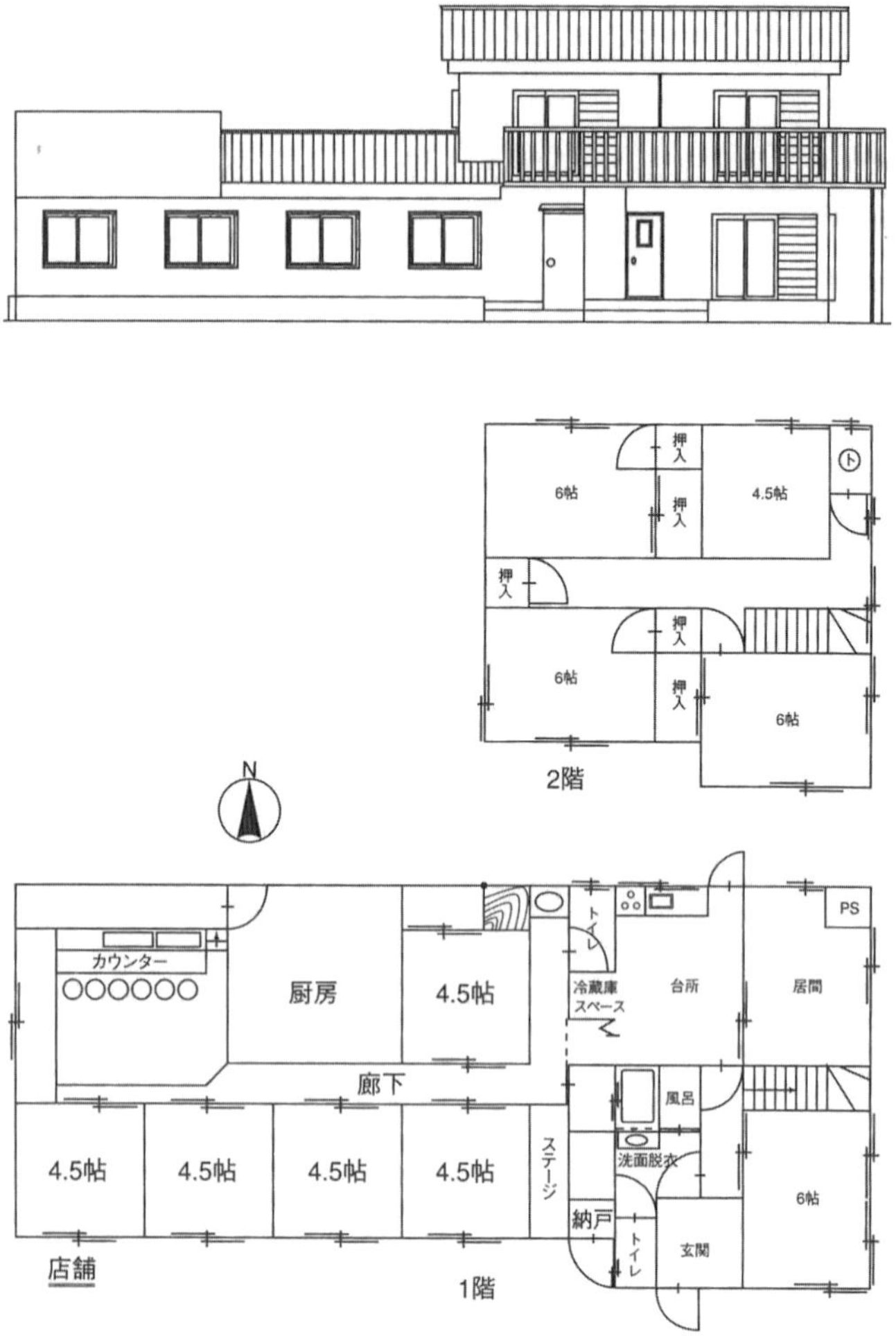
6帖
押入
押入
4.5帖
ト
押入
6帖
押入
押入
6帖
2階
N
カウンター
厨房
4.5帖
トイレ
冷蔵庫スペース
台所
PS
居間
廊下
風呂
洗面脱衣
4.5帖
4.5帖
4.5帖
4.5帖
ステージ
納戸
トイレ
玄関
6帖
店舗
1階

お店の部分はほとんどそのままで、住居の1階部分は、お店の後ろに足して2部屋、また住居の2階部分は4部屋つくったので、その2階の一部はお店の上に乗りかかるようにつくられました。そしてお店と住居は、内部のつなぎ廊下で行き来ができるようにしたのです。30ページの図面は、それをごく簡単に描いた図面です。

こうして新しい家が完成し、母もはりきって仕事を再開したのですが、どうも様子がおかしいのです。というのは、**あれだけ繁栄していたお店が、なぜか日に日にお客が減ってきたのです。**原因はなんだろうと考えてみたのですが、これといって思い当たることがありませんでした。

あとでわかったことですが、この昭和49年に新築したお店と住居が一体になった建物は、じつは家相からいうと**大凶相**の家だったのです。

いろんな占いをかじってはいたものの、**方位**と**方位学**、そして**家相**というものを知らない当時の私は、そのことを知るすべもありませんでした。

ほかにも、**親子兄弟たちの仲が悪くなっていったり、弟の結婚話が破談になったりなど、悪いことが次々と起きるようになりました。**まるで**私たち一家に、暗雲がおおいかぶさっている**ような感じでした。

そうしているうちに、改築から7年目に決定的な不幸がやってきました。

そのとき私は、不思議な体験をしています。

それは晩秋の深夜のことでした。私の家（当時、私は結婚していて、親の近くに住んでいました）の電話が鳴ったとき、私は瞬間的にその電話が、とても恐ろしい不吉な内容のものであることを直感したのです。

その不安から、とうとう受話器は取りませんでした。というより、怖くて取れなかったのです。

連絡がとれないため、妹が私の家にかけつけて知らせてくれたのですが、なんと、母が友人と車に乗っていて事故に遭い、即死だったというのです。それも、4人乗っていて母だけが犠牲に……。全国版テレビのニュースで放映されたほど悲惨な事故でした。

やはり私の不吉な予感は当たっていました。もしあのとき電話に出ていれば、すぐ事故現場にかけつけ、痛ましい母の姿を見なければならなかったでしょう。

母の事故死からひと月ほどして、今度は弟が事故で左目を失明してしまいます。弟もすでに成人していて、母の店を手伝っていたのですが、母も亡くなり弟がこんな状態になっては、とてもお店はやっていくことができません。やむをえず、店はたたむことになりました。

たび重なる厄災

私は結婚して、しばらくは平穏で幸福な時期をすごしていましたが、一つだけ気がかりなことがありました。それは夫の病気のことです。

彼は18歳のときに**「クッシング症候群」**という10万人に一人の難病にかかって大手術を経験していました。クッシング症候群というのは、副腎からある種のホルモンが過剰に分泌され、顔が丸くなるほどの肥満になったり、筋肉や皮膚や骨が薄くなってしまう病気で、ほうっておくと生命の危険に及ぶ可能性があります。

手術は成功し、その後は何の問題もなくすごしていましたが、少しずつ肝臓が悪くなってくるのです。

上の娘が生後3カ月のころに大学病院で検査を受けると、**「おそらく手術の際の輸血が原因だろう」**と言われました。

その後、病状はだんだん悪化し、肝硬変となり、最終的には肝臓ガンへ進んで行くのですが……。

私たちは、結婚してから2、3年に一度は引っ越しをしていました。

べつに主人も私も、引っ越しが趣味ではないのですが、どういうわけか、引っ越した先で落ち着くことができないような事情がもちあがるのです（あとでわかったことですが、これもすべて悪い方位を犯していました）。

結婚してから8回ほど県内で引っ越しをくり返し、実家の近くの明野という所、現在の筑西市に住んだことがあります。昭和61年（１９８６）、ちょうど「つくば科学万博」が開催された年です。

ところが、その8月5日、関東地方を直撃した台風10号によって、栃木・茨城両県を流れる利根川支流の小貝川の堤防が決壊し、住んでいた家は水浸しになってしまいました。やむなく私たち家族は、隣町の母の家にころがりこみました。すでに店をたたんだあとで、空き家になっていたのです。するとその年の11月26日、なんと、今度は泥棒に入られてしまいました。なけなしの現金をもっていかれ、私たちは途方にくれました。

厄災は重なるものといいますが、なんで自分たちだけにこんな災難が続くのだろうと、そのときはわが運命をのろわずにいられませんでした。

「占い」への失望

悪くなる一方の夫の症状について、検査入院するたびに、病院の医師は私に**「ご主人は、あまり長生きは望めませんね」**と告げられました。

私は夫を助けたい一心で占いにすがりました。高名な占い師や霊能力者のもとを訪れ、その指示に忠実に従いました。ときには、一回百万円もの鑑定料でみてもらったこともあります。

姓名判断で「名前が悪い。このままだと、ご主人は30代で死ぬ」と言われて改名したことも、一度や二度ではありません。

私自身も必死になってさまざまな占いを勉強し、さらには宗教の世界にも入って一生懸命に祈り続けました。そんな中、私にとって決定的な出来事となったのが、冒頭でお話した〝事件〟だったのです。

驕慢な占星術師の心ない言葉に傷つけられた私は、**「もう二度と占いなんか信じまい」**と心に誓い、それからはできるかぎり夫の残された人生の時間を大切にしようと、一日でも長く生きていてほしいと祈っていました。

しかし私の祈りも空しく、それからまもなく、夫は亡くなりました。

平成元年の7月、37歳になる直前という若さでした。

いったい、今まで自分がのめりこんできた**「占い」**とはなんだったのだろう。大金を投じたものの、得るものはなにもなく、結局占いで人生を変えることはできなかったのです。私は深い悲しみと失望感から、しばらく立ち上がれませんでした。

友人の勧めで方位学に出合う

しかし、いつまでも悲しんでばかりはいられません。私は二人の娘をかかえて、生きていかなければならないのです。

私は自分で仕事をはじめました。そして1年ほどたった平成2年ころ、住んでいる家を改築しようと決心します。というのは、母が建てた家は使いづらく、また見た目や機能的にも悪い住まいになっていたからです。

あまり費用はかけずに、私の気に入るような間取りにしました。もちろんこのときは、家相のことなんてまるで知りませんでした。

これもあとでわかったことですが、そのリフォームによって、大凶相だった家相が吉相に変わっていたのです。

新しい仕事も順調に回転しだしたころ、私はある友人から「方位学を勉強してみないか」という誘いを受けました。最初は断ったものの、夫を亡くして元気のない私に、何か趣味なり打ち込むものなりを持たせようとしてくれた知人の思いに応えよう、知識として知っておいてもいいかなと、軽い気持ちで応じたのでした。

ところが、いざ勉強をはじめてみると、それはいままで自分が勉強してきた占いなどとは、ずいぶんちがう世界のものでした。

方位学の源流は古代の中国にあり、４０００年もの永い間に整えられ、体系化されてきたものなので、とてつもなく奥が深いのです。

４０００年もの長期にわたって人々に学ばれ続け、実践され続けてきたということは、その中にたしかな真理が存在するからでしょう。

まもなく私はのめりこむようになり、勉強して初級の試験に合格しました。

その後、中級・上級試験にも合格し、資格的には人の鑑定もできるようになりました。

しかし、そのままプロになったわけではありません。最初は人助けのつもりで、仕事のあいまを見て、無料で鑑定し、アドバイスをしていたのです。

プロとなってわが半生を検証し、がく然とする

さてプロとなって、私の半生をふり返って検証してみると、もののみごとに方位学や方位の法則と合致していることがわかり、がく然としました。

結婚してから8回も引っ越しをしましたが、調べてみるとほとんど悪い方角へ移っていました。要するに、落ち着けなかったのは、そのためだったのです。

あるとき、母が建てた実家の家相を調べてみたところ、それはまぎれもない大凶相であることがわかりました。

その瞬間、血の気がひく思いでした。なにがいけないかというと、まず古い家屋の上に、新しい家屋をのせるというやりかたは、**「お神楽《かぐら》」**建築といって大変な凶相なのです。

もう一度、30ページの図面を見てください。

実家は、2階の一部が、1階の店の上にのったかたちになっています。

実は、家相には、**表鬼門（東北）**と**裏鬼門（南西）**という方角があり、ここに玄関やトイレ、風呂場などをもってくると**「相続が不能になる」**あるいは**「ジリ貧になる」**などの結果を招くとされているのです。

実家はまさに表鬼門に2階のトイレがあり、その管が1階まで通じていて、そのうえ裏鬼門にトイレ、浄化槽がありました。

結果はすでにお話したとおり、母の店は相続されることはありませんでした。

ところが平成2年に、私が家相の知識もなくリフォームしたとき、この大凶相の家は、結果的に吉相の家になっていたのです。

そのおかげだと思いますが、二人の娘たちは病気もせず、性格も良く順調に育ってくれましたし、よく私を助けてくれました。また私の仕事も紆余曲折はありましたが、信頼できる人たちとの人脈も広がってきました。

「方位学というものはたしかにあるし、その影響はけっして馬鹿にできない」

今はこのことを信じて疑いませんし、おそらく人生を閉じるまでそう信じ続けるでしょう。しかし、このような信念が培われるまでの道のりは、けっして順風満帆とはいきませんでした。そのことについては、最終章でお話しします。

第2章　方位学、基本の基

あなたは、こんな経験ありませんか？

数年前に引っ越しをしてから、どうも物事がうまくいかなくなったとか、
反対に、たまたま出かけた土地で思いがけない出会いがあり、
それ以来、仕事がうまくいくようになったとか。
振り返ってみれば、必ず一度や二度は経験しているはずです。

なぜでしょうか？
不思議に思われるかもしれませんが、これが**方位の力（パワー）**なのです。
方位の力とは良くも悪くも、あなたが動いたその**「動き」**が、

あなたに及ぼす作用なのです。
……しかし、目に見えないものは、どうしても迷信と思われがちです。
あなたが、
いつ＝時期
どこ＝方位（どの方向に？）
動いたのか。すべては「その時」から始まります。

「方位」って何？

方位とは何でしょうか？
言うまでもなく、東西南北……、

方位磁石の示す、あの南北のことです。

「方角」とほぼ同じ意味と思ってよいでしょう。

東・西・南・北・北東・北西・南東・南西の八つの方位を総称して、**「八方位《はっぽうい》」**といいます。

「動き」とは

私は「動いたら」とか「動き」と言っていますが、「動き」って何だと思いますか？

辞書で調べると、**「動く」**とは、

「ものの位置が変わる」とか**「移動する」**と出ています。

そういう意味で間違いないのですが、
私の鑑定で重視するのは、その人がこれまでに、
「いつ（時期）」「どこ（どの方位）」に動いたのか、ということです。
この二つのことは、方位の鑑定にとって大変重要なものなのです。
方位学の鑑定では、
まず、その人が動いた時期と方位を徹底的に調べて、
「運・不運の原因」をつきとめます。
そのうえで、その人にとって最良の開運の道を探り、
何をどうすればいいのか、その方法をアドバイスしていきます。

方位には力（エネルギー）がある

方位に力があると思いますか？
それが、「ある」のです。
「まさか！」と言われるかもしれませんが、
方位には力（エネルギー）があります。
パワーがあります。
北には北のエネルギーが、南には南のエネルギーというように
それぞれの方位には固有のエネルギー（要素）があります。
そうしたエネルギーのことを**「気」**と呼んでいます。

日本語には「気」のつく言葉がじつにたくさんありますね。
空気、元気、勇気、殺気、邪気、陰気、陽気、気概、気心、気分……、
人間も、動物も、植物も、地球や星々も、
つまり大宇宙は気によってつくられ、
気無くして存在し得ないものです。
私たちは「気の恵み」によって生かされている存在なのです。

地球は〝巨大な磁石〟

目に見えない方位に力があるなんて

信じられないという方にお尋ねします。
地球には磁気がありますよね。

磁気は目に見えますか？

見えないですよね。
でも、磁気は存在していて、
地球は〝**巨大な磁石**〟といわれています。
地球がもつ磁気のことを「地磁気」といいます。
地磁気がなければ、宇宙からの有害な宇宙線によって、
私たちはとっくの昔に死に絶えていたかもしれません。
それほど地磁気は私たちが生きていくうえで大切なものなのです。

磁気も目に見えないが力がある

磁気も目に見えませんが、力があります。
地球を巨大な磁石として見た場合、
北極にＳ極が、南極にＮ極がありますね。
Ｎ極とＳ極が引き合うから方位磁石は北を向いているのです。
磁石に力がなければ引き合うこともないし、
Ｎ極もＳ極も指すことはありません。
ところで、磁石のブレスレットやネックレスを見たことがありますか？
あるいは使ったことがありますか？

肩こりや血行促進、睡眠の改善に効果があるとして、ひところ流行りましたが、
今でも根強い人気があるようです。
これだって、磁石に力があるからこそ多くの人に愛用されているわけです。

私たちの体にも磁気がある

じつは、私たちの体にも磁気があるのです。
毎日、地球の磁気エネルギーの中で生活しているので、
当然といえば当然ですよね。
私たちの体にある磁気を**「生体磁気」**といいます。
生体磁気は脳、眼、肺、心臓をはじめ、

人体のすべての組織や臓器に存在していて、
体全体の働きを調節しています。
生体磁気はとても微弱な磁気ですが、
これが不足すると心身のさまざまな病気を引き起こしてしまいます。
一方で生体磁気が十分であれば、病気になることもなく、
健康で暮らすことができるのです。
なお、各方位に充満しているエネルギーは、
地磁気と同じようなものと思っていただいても差し支えありません。
なぜなら、**方位は地磁気の影響をとても強く受けているから**です。

方位が運気を左右する

方位磁石がつねに北を指し示すのと同じように、方位の力が人の運気を左右しています。

良い方位（吉方）に動けば運気が上がり、悪い方位（凶方）に動けば運気が下がります。

なぜでしょうか？

それは、私たちが好むと好まざるとにかかわらず、方位に存在するエネルギーの影響を受けないわけにはいかないからです。
良い方位（吉方）、悪い方位（凶方）といいましたが、
それはあくまでも〝自分にとって〟ということであって、
他の人にとっては、
自分と違う方位が吉方になったり凶方になったりします。
なぜなら、後ほど詳しくご説明しますが、方位の吉凶は、
その人の生年月日で割り出されるからです。

方位が運命を左右するメカニズム

目に見えない方位の力が私たちに影響を及ぼし、

その結果、運命をも変えてしまいます。

なぜ、そんなことが起こるか、そのメカニズムを簡単に説明しましょう。

自然界のあらゆる事象は、

すべて**「陰」**と**「陽」**という相反する性質を持っています。

陰と陽という言葉が古臭いと思われる方は、

＋（プラス）と**ー（マイナス）**と考えていただいて結構です。

プラスとマイナスがあるように、表と裏、明と暗、男と女……というように、

文字どおり表裏一体の関係で、お互いがあってこそ成り立っています。

磁石でいえば、**N極**と**S極**です。

二つの磁石を持っていてN極のところにN極を近づけたら、どうなりますか?

同様にして、S極のところにS極を近づけたら、どうでしょう?

離れて、電流が流れませんね。

逆に、N極のところにS極を近づけたら、どうですか?

陰と陽

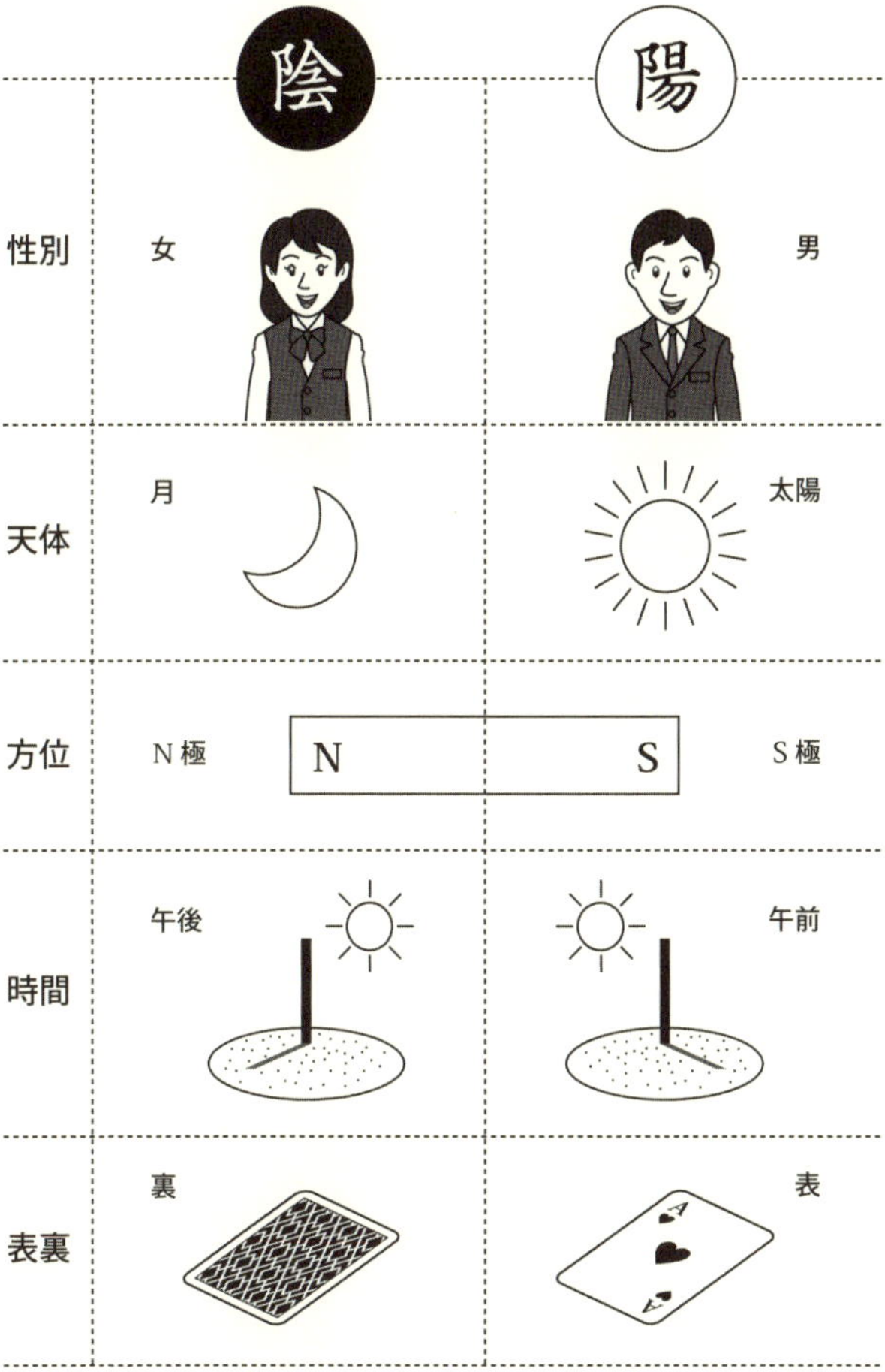

引き寄せ合って、電流が流れますね。
同じ方位でも、ある人にとってはプラスに働き、
別の人にとってはマイナスに働くのは、この原理と同じなのです。

自然の磁気エネルギーが頭から足に抜けず、
頭の上と足の下で渦を巻いている状態のことを**「デリンジャー現象」**といいます。
地球の磁気エネルギーと体の磁気エネルギーが反発し合っているのです。
ちょうどN極とN極、S極とS極が反発し合うように。
これはエネルギーが正常に流れていない危険な状態ですから、
すべてに行き違いが生じ、物事がうまく進みません。
運の悪い人、凶災を受けている人は、
みなこの状態にあるといっても過言ではありません。

正常なエネルギー

頭から足に通っている場合は健康で、仕事面、運勢面でも物事が順調に進みます。

デリンジャー現象

頭から足に抜けず、頭の上、足の下で渦を巻いている状態で、何事にも行き違いが現れます。
運の悪い人、方災を犯している人の場合です。

59ページ図のように、自然の磁気エネルギーが頭から足に通っている場合は、エネルギーが正常な状態で、運勢でも物事が順調に進みます。反対に右図のように、自然の磁気エネルギーが頭から足には抜けず、頭の上、足の下で渦を巻いている場合は、エネルギーが正常に流れていない危険な状態ですから、何事にも行き違いが現れます。運の悪い人や方災を犯している人などは、このような状態にあります。

時期と磁気は関係がある

私たちの体にある生体の磁気エネルギーと地球の磁気エネルギーが共鳴し合ったときが、私たちはよく、「タイミングがいい」とか

「タイミングが悪い」などといいますね。

タイミングとは「時期」のことですが、じつは**時期には「磁気」という意味も含まれています。**

単なるゴロ合わせのようですが、本当です。


人間は無理をすると病気になります。

過労や過剰なストレスも心身に負担をかけて、病気を引き起こします。

東洋医学は病気を「気の流れの停滞」と考え、気の流れをよくすることで病気を治そうとします。

停滞した気をほぐしてスムーズに流れるようにすれば、たちまち運が開けるのです。

流れをよくするには、停滞した気にプラスの作用をする気を〝他から取り入れる〟ことです。

気の流れがよくなれば自ずと開運します。

吉方に行くと運気が上がる

あなたにとってよい方向に、よい時期に出かけて行って、その土地の**「気」**(エネルギー)を吸収することで開運する方法を**「祐気取り」**とか**「方位取り」**といいます。

「祐気」とは方位に作用するプラスのエネルギーのことをいいます。

祐気取りに行って、その地でプラスのエネルギーを吸収すると、それまでうまく流れていなかったエネルギーが正常にはたらくようになります。

そうすると、まず何事においてもやる気が出てきます。

当然、いい結果が出るようになります。

あなたにとっての良い方角はどの方角か？

それを的確にアドバイスするのが方位鑑定の私の仕事です。

悪い方位を犯すと方災に苦しめられる

悪い方位を犯したことから起こる災いのことを「**方災**《ほうさい》」といいます。

会社の業績が思わしくない場合など、その背景には必ず原因があります。

ほとんどの場合、過去の悪い時期に、悪い方位に動いたことによるものと思ってよいでしょう。

業績が思わしくないのは、悪い方向で受けたマイナスのエネルギーの影響が現れているからにほかなりません。

方位学は気学と共通する運命学

「方位学」とは、一般にいわれる「気学」「家相学」を含め、これらに共通する「方位」を大所高所から研究し、活用する学問のことを指します。

その内容の多くは「気学」と共通するとお考えいただいても差し支えありません。

方位学は、いかにして自分の目標を実現し、生きがいのある人生を歩み、幸福を手に入れるかを具体的にアドバイスする学問です。

自分の性格や運命を知ることができる運命学はさまざまありますが、**自分の運命を知って好転させることができるのは、この方位学だけです。**

方位のもつエネルギーや運気を重視する方位学の基本的な考え方は、

①**吉方位に動いて幸運をつかむこと**

②**凶方位を避けて災いを防ぐこと**

この二つです。

古代・いにしえより活用されてきた方位

■神社・仏閣・城郭などの建築に

方位学という言葉が広まったのは大正時代ですが、方位の研究は**陰陽五行思想**が日本に入ってきた6世紀頃からずっと続けられてきました。そして歴史上のさまざまな人物がさまざまな分野で、実際に方位や九星学を活用してきたことが多くの文献にも記されています。

例えば**桓武天皇**は、**平安京を建設したとき**、災厄から逃れるために鬼門に当たる比叡山を最澄の天台宗一門に護《まも》らせています。

弘法大師空海や**道元禅師**も、聖地を開いたり、仏閣を建てたりするときに**鬼門**や**戌亥**の方角を重視していたようです。

例えば空海が開いた高野山は、比叡山と並んで日本仏教の二大聖地ですが、その中でも「八葉の峰」と呼ばれる峰々に囲まれた地域です。

空海がこの地域を聖地に選んだのは、言うまでもなく八方位を意識したものでしょう。

八つの峰々に囲まれたその地域を、宇宙の中心と見立てていたに違いありません。

空海よりも500年ほど後の鎌倉時代初期に、曹洞宗を広めて活躍した道元禅師も、天文学的なことを熟知していたと思われます。

というのは禅師が京都の興聖寺を出て、越前（福井県）の地に最初に永平寺（大仏寺）を建てた場所は、京都の比叡山から見ると鬼門の方角にあたる平泉寺《へいせんじ》白山神社にほど近い位置にありました。鬼門や戌亥の方角がぶつかるところはパワーが強いところとされる地域なのです。

また、八方除けの守護神として有名な**寒川神社**（神奈川県高座郡寒川町）は皇居から見て**裏鬼門（南西）の方角**に建てられており、しかも本殿の正面も裏鬼門のほうを向いています。本殿が裏鬼門に向いているのは神社建築の中ではあまり例がなく、特異な存在のようです。寒川神社が裏鬼門にあって、皇居を護るようなかたちで造られているのかもしれません。

■戦国武将たちの戦や政治に（武田信玄・太田道灌・徳川家康など）

甲府にある武田神社にお参りされたことがある方は気づかれたかもしれませんが、

ここの宝物殿に武田信玄直筆の「運気の書」と呼ばれる書があり、そこにも**「木・火・土・金・水」**の五行が記されています。

戦国の名将といわれた信玄は合戦の際、敵の「気」を見て戦術を変えたといいます。

興味のある方は一度武田神社にお参りして、この「運気の書」をご覧になられるといいでしょう。「気」や「陰陽五行説」が、時の趨勢を決める戦や政治と密接な関係にあったことをしのぶことができます。

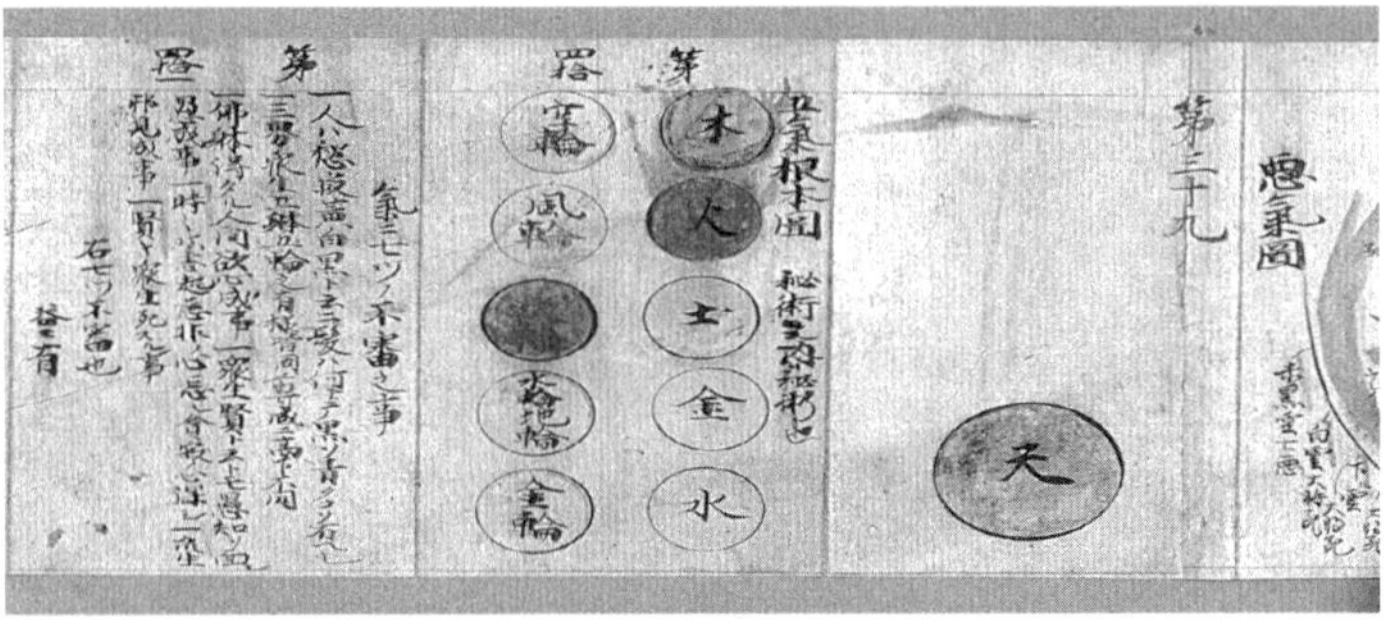

武田信玄直筆「運気の書」　武田神社所蔵

室町時代の武将・**太田道灌**が家相学を応用して江戸城を築いたり、方位学を兵法に運用して敵を攻略したことなどは有名な話です。

また、徳川家康は天台宗の高僧である天海僧正をブレーンとし、日々のまつりごとや有事の際に指南を受けていました。居城となった江戸城の大規模な改築・拡張工事も、天海の指導のもとに行われたものです。

当時の江戸城は**上野、本郷、小石川、牛込、麹町、麻布台、白金台**の七つの台地に囲まれていました。中国の風水術によると、これは「交差明同形」といって、その中心、つまり**江戸城が繁栄する大吉相**です。

そして江戸城の表鬼門（北東）には京都御所の鬼門封じを模した東叡山寛永寺を建立し、さらに表鬼門を封じるために神田明神を移転させました。また裏鬼門（西南）の押さえとして、比叡山の鎮守の神社にあたる日枝神社を移築しています。

そのため幕府は２６５年にも及ぶ権勢を誇ることができたといわれています。明治時代が世界の列強に負けず存在感を表していくことができたのも、明治天皇の京都から吉方位である東京へ遷都したからという観方もできます。

もし仮に凶方位へ移転していたならば、歴史は違ったものになっていたかもしれません。

天海は陰陽五行に精通しており、天文、遁甲、方術（神仙の術）のエキスパートでした。そこに独自の研究を重ねて、「天源術」なるものを興します。これこそが、のちの方位学のもととなるものでした。

ところで、徳川家康に仕える前の天海が武田信玄に仕えていたことは、意外と知られていません。武田信玄といえば、だれもが認める軍略家。しかしその影には、方術のエキスパート天海がいたのです。

天海は家康に仕えてからも、数々の戦で「軍師」としてすぐれた働きをしました。関ヶ原の戦いで勝利した家康が、覇権を手にして天下統一の夢を実現したのも、天海なくしては考えられないことです。家康亡き後も天海は、秀忠、家光の三代に仕え、徳川家15代にわたる盤石な江戸幕府の礎を築きました。

このように、平穏が長らく続いたとされる時代には、方位学の影響が色濃く見て取れるのです。**現在でも皇室はこれを重視しており、年間の外遊日程は大凶の方位を避けて作られています。**

第3章　そのとき経営者たちは、どう動いたか

【事例1】

借金3億円を抱えたアパレル関係の会社。倒産・破産の危機から再起をはたす

Aさん（40代男性）はアパレル関係の企業経営において、一代で成功をおさめた人でした。

しかし、順調にいっていた経営も、ある年から売上げが急に下降しはじめ、私のところに相談にみえたときは、借金がふくらみ、たいへん厳しい状況にありました。

ですから相談というよりも、最初は諦めの言葉ばかりを口にしていました。

「先生、ここ数年は何をやっても悪い方向に転がっていって、とうとう追加の融資を断られてしまいました。もう事業が続けられない状況です」

Aさんの切迫した気持ちが短い言葉の中にも痛いように伝わってきました。

かなり深刻な状況のようなので、現状を詳しくうかがってみると、借金はすでに3

億円にものぼっていることがわかりました。

これでは地道な経営努力で少額を返済し続けても、根本的な解決は望めそうにありません。Ａさんには小手先の対処療法ではなく、少し時間がかかっても**「大きな変化」**を狙う必要があります。

鑑定した結果、Ａさんは過去10年間にかなりの回数の引っ越しをしていました。経営が順調だったこともあり、自宅もオフィスも「良い所へ」との思いから頻繁に移転していたようです。

こうした場合、鑑定も複雑になります。

しかし、その一つ一つを丹念に見ていくと、４年前に自宅を引っ越した方向が「凶方位」であることがわかりました。しかも同じ年にオフィスも凶方位に移転していたのです。

Ａさんが自宅を引っ越した方角は「西」方向でした。

西は金運の方向なのですが、たまたまＡさんにとって悪い時期だったために凶方位となり、その年を境に、好調だった経営が不調に転じてしまったのです。

相談に来たときは、すでに9年もの月日が流れていました。

ここまで〝重症〟だと、吉方位に「引っ越し」をしていただくのが最も有効ですが、今のAさんにはとてもその資金はありません。

長い年月かけて陥ったどん底からはい上がるには、それなりの時間と努力が必要です。

「その覚悟はありますか」とたずねると、Aさんは納得し、「わかりました。お願いします」ときっぱり答えました。

Aさんの目的は**「倒産の回避」**です。

そのための課題は**「目前の資金繰り」**です。

そこでAさんには、**「臨時収入があり、再起できる方位」**をお教えし、ただちに「祐気取り」するように伝えしました。祐気取りとは「吉方取り」ともいい、「自分にとって味方の方へ動く」ことです（第2章参照）。

どん底にいながら新たなことを始めるのは、それ自体が負担になり大変です。

しかし、Aさんは私のアドバイスにしたがって根気よく祐気取りを続け、そのつど私に報告をしてきていました。

そして、３か月後のことでした。

前回お見えになったときと比べて、表情がいくぶん和らいで見えました。

「先生、私はずっと、倒産だけはするものかと意地になり、無理な資金繰りで状況を悪化させていました。しかし、先生のアドバイスを受けて行動しているうちに、状況を冷静に見つめることができるようになり、一度清算しようという気になったのです」

Ａさんは３か月の間に会社を清算し、自身も破産して、今は債権者に頭を下げて回る残務処理を続けていたのでした。

経営者にとって倒産、自己破産という出来事は筆舌に尽くしがたい苦しみです。

しかし、Ａさんの表情はいたって穏やかでした。

「ここからがまた大変だと思うけど、アドバイスしたことを続けてくださいね」

と伝えると、Ａさんは力強くうなずき、その目には力強さが甦っていました。

どん底にいながら新たな仕事を始めるのは、とても大変です。しかし、Ａさんは粘り強く祐気取りを続けました。

通常、会社を倒産させた者が債権者のもとを回れば、追い打ちをかけるように非難され、ボロボロになってしまいます。Aさんは債権者にどなられ、罵声を浴びせられながらも謝罪を続けていました。

そんなAさんに奇跡が訪れました。最後に訪ねた債権者が、土下座して謝っている彼に、黙って机の上にポンと1000万円の小切手を出したのです。思わず、

「えっ!! どうしてですか？」

とたずねると、

「貸せば債権者が少しでも取ろうとするだろう。本当に会社を清算して一からやり直すなら、これを改めて投資するから、ぜひ事業を再開しなさい」

と言ってくれたのです。

これにはAさんも驚きましたが、すでに気持ちを立て直していたこともあり、この申し出をありがたく受け入れて、事業を再開しました。

すると、どうでしょう。これまでの低迷が嘘のように、事業はトントン拍子に軌道に乗り、再開間もなくその融資を返済することもできたのです。

それは誤って凶方位に引っ越しをしてから11年目、私が鑑定を始めてから1年数か月後のことでした。時間はややかかりましたが、「これまでの苦労が吹き飛びました」とAさんはとても喜んでくれました。もちろん、その後、飛ぶ鳥を落とす勢いで事業を拡大したことは言うまでもありません。

【事例2】
建築不況による倒産の危機から脱出し、V字回復で億単位の年商に

次は、関西で建築関係の会社を経営していたBさん（50代男性）の例です。

Bさんは一代で会社を大きく成長させていましたが、最初に鑑定に来られた2005年当時は、長引く不況で売上げは下降を続け、倒産一歩手前の状況でした。

一歩手前というのは、経営者の方ならご存じの通り、自転車操業が先細りして回転

資金のメドが立たなくなったということです。

Bさんは、毎月、売上げの回収と支払いを綱渡りで乗り越えてきましたが、思うような仕事が入らなくなり、最後の最後に私のところにたどり着いたのでした。

鑑定してみると、Bさんは1997年に自宅を新築し、引っ越していました。

その方角は前述のAさんと同じように、「西」方向でした。

西は金運の方向なのですが、Bさんにとって悪い時期だったために凶方位となってしまったのです。しかもこれは凶方位の中でも**「自滅の方位」**と呼ばれるもので、自分で自分の首をしめ、ジワジワと苦しみながら自滅へと向かうやっかいな方位なのです。

好調だった金運が逆転して、どうにもならないような状況に追い込まれていったのもそのためでしょう。

BさんもAさんのケースとよく似ていて、引っ越しから10年目となる翌98年は一つの節目で、その凶方位の凶作用が一段と強く出る年だったのです。

「このままなら来年は会社が倒産するかもしれません」

と正直に伝えました。

Bさんは私の目を見ながら、

「そうですか。私も経営者として、倒産が目の前であることはわかっています。でも、もう自分ではどうすることもできないから先生に相談に来たんです」

と、ワラをもつかむような感じで言われました。

しかし、自分ではどうすることもできない状況にありながらも、経営者として何とか会社を建て直したいという強い気持ちが伝わってきました。

Bさんにも祐気取りをするようアドバイスしました。

Bさんの目的も「倒産の回避」で、目前の資金繰りが当面の課題です。そこで、「臨時収入が入り、再起へ向かう方位」への祐気取りを提案しました。

「効果はすぐに出るでしょう。しかし、倒産の回避という目的を忘れないで、順調に仕事が回るまで祐気取りを欠かさず続けてください」

と念を押すと、

「わかりました。やってみます」

と力強い返事が返ってきました。

同時に、私は関西のBさんのご自宅まで行って、家相のアドバイスもしたのでした。それから4か月後、じり貧だった仕事の受注が徐々に回復し、かつての忙しさが戻って来たと報告がありました。そして7か月後には、「今までにないくらい忙しくなりました！」と倒産の危機からの脱出を宣言したのです。

その後もBさんは、毎月私の鑑定を受けながら、さらなる大きな目的達成のために祐気取りを続けました。

その結果、最大の危機だった10年目の98年も無事に乗り越え、世界的な不況を起こしたリーマンショック（2008年）にも負けることなく、順調な経営を続けています。

今はどうなっているのか？　先日お聞きしたところ、年内の仕事はバッチリ!!　こなせないほどの仕事が入っているそうです。余裕のあるいい顔をしていました。

【事例３】

家庭内不和と事業危機。5年前は従業員が15人、今では５００名以上に

Ｃさん（40代男性）は人材総合会社の経営者で、主に人材派遣や営業代行を行っていました。順調にお取引先も増えるにつれて、売り上げも倍増、倍増と、仕事はすこぶる順調にいっていました。

20歳のときに、同級生だった女性と恋愛結婚し、３人のお子さんにも恵まれていました。

３人目のお子さんが生まれたのを機に、マンションを購入して引っ越し、公私ともども充実した日々を過ごしていました。

ところが、それもつかの間、絵に描いたような幸せが音をたてて崩れていったのです。

原因は、奥様の浮気でした。それもただの気の迷いといったものではなく、本気で別の男性に心が向いていたのです。

深夜、隙を見て覗いた奥様の携帯電話には、「夫には愛情のかけらも残っていない」「夫を殺して、あなたと暮らしたい」という、信じられないような言葉が書かれていました。

3人の子どもの育児に追われている奥様が、まさか自分の知らない間に、こんなことになっていたとは……。相手とはおそらく出会い系サイトなどで知り合ったのではないかということでした。

奥様の不倫が発覚した頃から、Cさんの重苦しい気持ちが社員にも伝わったのか、社内にどんよりした空気がただよい始め、業績もみるみる落ちていきました。

このままでは倒産してしまう……。

愛する奥様に裏切られたショックで気持ちも不安定になり、友人のすすめで、しばらく心療内科に入院しました。

ところが、退院して帰宅すると、家の中はもぬけの殻。奥様が子どもを連れて実家に帰ってしまったのです。しかも、翌日会社に出てみると、社内は静まりかえっていて、残っていた社員に聞いたところ、社内の〝**反乱分子**〟**によるクーデター**が起きていたのです。首謀者は３人。彼らが社員の半数（15人）を引き連れて、Ｃさんがいない間に共謀して出て行ったのでした。

折しも東日本大震災の直後で、日本全体が重苦しい空気に包まれている時期でもありました。そんななか、家庭の深刻な問題に加えて、経営の危機という二重苦に身震いする思いで、私のところに相談に来たのでした。

鑑定してみると、やはり引っ越しが悪い作用を及ぼしていました。

Ｃさんの場合、家を購入したのも、その後オフィスを出したのも、すべてもともと住んでいた場所からさほど離れていない「同じ町内」での引っ越しでした。距離的には近くとも、引っ越しのときの方位については十分に注意する必要があるというのがよくわかる事例です。

鑑定後、すぐに離婚が成立しました。離婚訴訟はこじれることが多く、そのぶん時間もかかるのですが、非常に早い展開を見せたことは幸いでした。

ただ、これは方位の力のおかげではなく、もともと離婚に向けて話し合いが行われていたことによるものでしたから、結果はCさんにとって不利なものでした。

浮気された側でありながら、慰謝料は取られ、子どもたちの親権も取られ、養育費として月20万円も支払うことになったのです。

今回のようなケースだと、裁判官は味方になってくれるはずですが、なぜかCさんの非ばかりを認定するのです。

じつは、これもまた**「方災《ほうさい》」**が原因といえます。方災とは、悪い方位を犯したことから来る災いのことをいいます。

その後、何度か鑑定を行ない、運気を変えるための引っ越しなどを指導していました。

しかし、彼は家族で幸せに暮していたはずの家、とりわけ子どもたちとの思い出に未練が残っていて、引っ越しに躊躇しているようでした。

そこで私はある方法を勧め、しばらく様子を見ることにしたのです。すると少しずつ変化が現れ、引っ越しにも前向きになってきました。

また、気になる女性も出現したとのことで、表情も明るくなってきました。心にゆとりができてきたあらわれでしょう。

彼の前向きな気持ちは仕事にも反映して、会社のほうも活気を取り戻しました。従業員が次々に増えていき、業績もうなぎのぼりに上がっていったのです。

そして5年後のいま現在、当時、15人だった従業員が今では500名以上に。信じられないほどの成功をおさめました。

一時は自暴自棄になっていたCさんでしたが、家庭を手放しても、会社だけは一人になっても守っていこうという強い思いと必死の努力が、今日の成功に導いたのだと思います。

Aさんにしろ、Bさん、Cさんにしろ、私のところに相談にみえる経営者たちには共通点があります。それは〝**どん底**〟を経験し、**「崖っぷち」**に立たされた人たちということです。

「八方塞がり」という言葉がありますが、まさしくそのような状況に置かれた人たちが、私のアドバイスを聞き入れ、また自らも必死に努力して、運を開いていく。ズバリ言うならば、〝**儲かる社長**〟になっていく様子を無数に目の当たりにしてきました。それは、どんなドラマよりもドラマティックです。なぜなら、そこには、どん底の辛酸をなめた者にしかわからない達成感と喜びがあるからです。

（以上、ここで取り上げた事例はすべて事実に基づいたものですが、個人情報保護のため住所や職業など特定できないよう多少の変更を加えてあります。あしからずご了承ください）

成功者は黙して語らず

ここにご紹介した３名の経営者をはじめ、方位の力によってどん底から脱出し、成功者となられた方はたくさんいます。にもかかわらず、自分の体験を人に話す人はあまりいません。

なぜでしょう。

では、あなたにお聞きします。

あなたは、自分にとってほんとうに大切なことを他人にペラペラと喋ってしまいますか？

例えば、テレビなどで紹介されて有名になった

流行りのレストランに行ったとしたら、
すぐ写真をとってＳＮＳにアップするかもしれません。
しかし、惚れ込んで常連となったレストランは、
大切な人を連れて行くことはあっても、
そう簡単に誰彼なく教えたりしないはずです。

私は方位学鑑定家ですが、会社経営者でもあります。
いち経営者として交流会に顔を出すこともありますが、
そうした場で**「方位」**の話題を持ち出す経営者はまずいません。
みんな当たり障りのない話題で、
表面的な情報交換をしているだけです。

ただ、いつだったか経営者の集まりのあと、
年配の女性経営者が、にこにこしながらやってきて、私の耳元で、

「実は私もずっと（方位学の）お世話になっているのですよ」

と言われたのです。ウインクこそしませんでしたが、

私の目を見ながら、大きくうなずいていたのが印象的でした。

第4章　まず自分自身の星を知ろう

変えられない「先天運」
変えられる「後天運」

まず自分自身のことを知りましょう。

自分の「運」を知ることは、「開運」につながる第一歩です。

「運」とは言うまでもなく、その人の「運命」のことです。

方位学では生まれ持っている運命を**「先天運」**といいます。

その人の性格や基本的な能力、さらには場所や家庭環境など、変えることのできないものが先天運です。

私たちの運命の大枠は先天運に左右されているのです。

また、生まれたあとから獲得する運を**「後天運」**といいます。

例えば、金運や健康運、恋愛運、結婚運などはすべて後天運です。

方位学は運命をひらく道しるべ

私たちの人生は、この先天運と後天運のかねあいによって決まります。

ということは、後天運を変えることで運命は変わり、

自分で思うように人生を切り開いていけるということです。

方位学は「運をひらく道しるべ」となるものなのです。

まず、自分がどのような星のもとに生まれ、どのような運命、

どのような性格を持っているのかを知らなければなりません。

そのうえで、自分の基本的性格のよいところを生かし、

弱いところをプラスに変えることで運を開いていくのです。

本命星は9種類ある（九星）

あなたが生まれたときの気のエネルギーを決めるのが「本命星《ほんめいせい》」といわれるものです。

本命星は次の9種類あります。これを「**九星**」といいます。

この九星が「方位」を鑑定する基本情報となります。

一白水星（いっぱくすいせい）

二黒土星（じこくどせい）

三碧木星（さんぺきもくせい）
四緑木星（しろくもくせい）
五黄土星（ごおうどせい）
六白金星（ろっぱくきんせい）
七赤金星（しちせききんせい）
八白土星（はっぱくどせい）
九紫火星（きゅうしかせい）

九星でわかる自分の本質

人には、誰にも生まれ持った**「気（性質）」**と**「運（運命）」**があり、そこからスタートする人生の要所要所で数々の選択をしています。

その結果が今のあなたなのです。

もちろん、これからもあなたが選択したことの影響を受け続けます。

また、人は人との関わりなしでは生きてはいけません。

まして商売や経営は、社員や取引先、顧客、さらにはそうした人々の家族等々、無限に広がる人との関わりが複雑に絡み合って成り立っています。


九星でわかるのは、そうした人生の基本となるエッセンスです。

しかし、基本ですから良い面も悪い面もあり、
まさにあなたの〝本質〟がそこにあります。

ぜひ、自分の九星、周囲の人の九星を確認し、日頃の関係性が「なぜそうなるのか」を理解するようにしてください。

理由がわかることで、慎重な判断、必要なアドバイス、良い関係性の構築に向けた着実な一歩が可能になります。

開運のカギを握る本命星

本命星はあなたの基本的な運命や性格を表す星です。
あなたの「本命星」は何？
まず、あなたの本命星を早見表から探してみましょう。

本命星早見表

生まれ年	本命星と十二支	生まれ年	本命星と十二支	生まれ年	本命星と十二支
1930 (S5)	七赤金星　午	1955 (S30)	九紫火星　未	1980 (S55) ★	二黒土星　申
1931 (S6) ★	六白金星　未	1956 (S31) ★	八白土星　申	1981 (S56)	一白水星　酉
1932 (S7) ★	五黄土星　申	1957 (S32)	七赤金星　酉	1982 (S57)	九紫火星　戌
1933 (S8)	四緑木星　酉	1958 (S33)	六白金星　戌	1983 (S58)	八白土星　亥
1934 (S9)	三碧木星　戌	1959 (S34)	五黄土星　亥	1984 (S59) ★	七赤金星　子
1935 (S10) ★	二黒土星　亥	1960 (S35) ★	四緑木星　子	1985 (S60)	六白金星　丑
1936 (S11) ★	一白水星　子	1961 (S36)	三碧木星　丑	1986 (S61)	五黄土星　寅
1937 (S12)	九紫火星　丑	1962 (S37)	二黒土星　寅	1987 (S62)	四緑木星　卯
1938 (S13)	八白土星　寅	1963 (S38)	一白水星　卯	1988 (S63)	三碧木星　辰
1939 (S14) ★	七赤金星　卯	1964 (S39) ★	九紫火星　辰	1989 (H1)	二黒土星　巳
1940 (S15) ★	六白金星　辰	1965 (S40)	八白土星　巳	1990 (H2)	一白水星　午
1941 (S16)	五黄土星　巳	1966 (S41)	七赤金星　午	1991 (H3)	九紫火星　未
1942 (S17)	四緑木星　午	1967 (S42)	六白金星　未	1992 (H4)	八白土星　申
1943 (S18) ★	三碧木星　未	1968 (S43) ★	五黄土星　申	1993 (H5)	七赤金星　酉
1944 (S19) ★	二黒土星　申	1969 (S44)	四緑木星　酉	1994 (H6)	六白金星　戌
1945 (S20)	一白水星　酉	1970 (S45)	三碧木星　戌	1995 (H7)	五黄土星　亥
1946 (S21)	九紫火星　戌	1971 (S46)	二黒土星　亥	1996 (H8)	四緑木星　子
1947 (S22) ★	八白土星　亥	1972 (S47) ★	一白水星　子	1997 (H9)	三碧木星　丑
1948 (S23) ★	七赤金星　子	1973 (S48)	九紫火星　丑	1998 (H10)	二黒土星　寅
1949 (S24)	六白金星　丑	1974 (S49)	八白土星　寅	1999 (H11)	一白水星　卯
1950 (S25)	五黄土星　寅	1975 (S50)	七赤金星　卯	2000 (H12)	九紫火星　辰
1951 (S26) ★	四緑木星　卯	1976 (S51) ★	六白金星　辰	2001 (H13)	八白土星　巳
1952 (S27) ★	三碧木星　辰	1977 (S52)	五黄土星　巳	2002 (H14)	七赤金星　午
1953 (S28)	二黒土星　巳	1978 (S53)	四緑木星　午	2003 (H15)	六白金星　未
1954 (S29)	一白水星　午	1979 (S54)	三碧木星　未	2004 (H16)	五黄土星　申

節分の２月３日（★は２月４日）までに生まれた人は、前年の本命星になります。
＜例＞昭和 52 年２月３日生まれの人は、前年の六白金星になります。

〈表を見るときの注意〉

このとき気をつけていただきたいのは、1年のはじまりと終わりの時期です。私たちがふだん使っている暦では、1年は1月1日からはじまり、12月31日で終わります。しかし、方位学で本命星をみる場合は「旧暦」を使用します。

旧暦では、1年は立春（おおむね2月4日）からはじまり、節分（おおむね2月3日）で終わります。つまり、同じ昭和42年生まれの人であっても、2月4日以降生まれの人は「六白金星」ですが、2月3日以前に生まれた人は、前年の「七赤金星」になるのです。（１００ページ「本命星早見表」を参照）。

もう一つ注意したいのが、年によっては1年が1日ずれて2月5日からはじまり、終わりが2月4日になります（★印）。

・（例）昭和42年2月4日（本命星「六白金星」）

・（例）昭和47年2月4日（本命星「二黒土星」）

本命星でわかるあなたの基本的な運命や性格

一白水星

一白水星の人は、努力をする頑張り屋さんです。

研究することが好きで、文学、考古学などに興味がある方も多いようです。

冷静で頭も良く、とても親思いで、時にはマザコンになりやすい傾向にあります。

柔軟で順応性があり、どんな環境でも自分の才能を発揮できます。

頭脳明晰で器用。そのうえ社交的なので、誰とでもすぐに仲良くなれる交際上手な人が多いようです。

対人面では、気配りができ、義理堅く、面倒見がよいので、人から好かれます。

しかし、それが災いして、他人のことで忙しく立ち回り、振り回されてしまうこともあります。

また一方で、押しが強くて駆け引きがうまく、計算高いという面ももち合わせています。

しかも気位が高く、嫉妬心が強い面もあるため、人の意見や忠告に耳を貸すことができず、困ったことがあっても、一人でくよくよ考え込んでしまう傾向があります。

物事に熱中しやすく、凝り性である反面、いったん形ができあがると、それで満足して投げ出してしまう傾向も見られます。

一見おとなしそうに見えますが、実は賑やかなことも大好きです。

反面、一人で淡々とできるスポーツも好きで、一人の時間を有効に使える人です。

また、つかみどころのない人という印象を与えます。

心の内を人に話せないタイプ、隠し事をしてしまう人です。

若い頃に経験したさまざまな苦労が、中年期に入ると忍耐力や芯の強さとなって最盛期を迎えます。

目的をもって努力を続けていけば、最終的には必ず大成することができるでしょう。

二黒土星

二黒土星の人は、あまり表に立つことを好まず、縁の下の力持ち的な役割を好む傾向があります。

マイペースな性格で、慎重派タイプです。

派手なことは望まず、おっとりした物静かな人が多いようです。

丁寧な一面があり、時として「鈍い」という印象を与えることがあります。

概して温和で従順な人が多く、素直で正直で几帳面です。

粘り強く事にあたり、しかもコツコツと努力する努力家です。

そして、いったん物事に着手したら、すぐに片付けてしまわないと気がすまない性格です。

理解力や考察力に長けていて、会得が早いのも特徴といえましょう。

また、生まれながらに温かさとやさしさを兼ね備えているので、誰に対しても親切です。

しかし心の中では常に「これでよいのだろうか」と迷っている方が多いようです。

気分にムラがあるのも弱点です。

目上の人にはかわいがられる傾向にあるので、年長者の助けが得られれば好結果をあげられます。

大きなことを夢見たり計画するのは好きですが、何事も他人に頼りがちです。

飲み込みは早いほうですが、忘れっぽく、迷いやすい面もあります。

短所としては、人には親切な半面、意地っ張りで高慢なところがある点です。

また、ねたみやすく、人を見下す傾向も見受けられます。

大きなことを言うわりには出し惜しみするところもあります。

晩年運といわれていますが、努力した分、早く開運する人も多いようです。

持ち前の素直さと誠実さをもって、目標に対して粘り強く努力していけば、発展と大成の基礎となります。

中年期に入ると、それまでの努力が実り、人生の充実期となるでしょう。

三碧木星

三碧木星の人は辛抱強く、少しの困難にも音を上げない頑張り屋さんです。
また家族を守ろうとする気持ちが強い人です。
頭の回転も速く、どんなことも徹底しないと気がすまない、一本気なところがありま
す。
自ら進んで物事に取り組む積極性に富んでいますが、せっかちで即断的なところが
あるため、時として失敗することも。
情報通で流行にも敏感。友達も多く、常に周囲を盛り立てるタイプです。
しかし、飽きっぽいのが欠点で気まぐれな部分もあります。
また、思ったことをはっきりと顔に出す傾向があり、言葉にトゲがある方もいます。
女性は概して雄弁ですが、男性はどちらかというと口べたです。
なんとなくオドオドしてしまって人としゃべるのが苦手な人は、運がよくありませ

ん。

正直でまじめで人に親切というのも、この星の特徴です。

義侠心があり、同窓会などでは率先して幹事役を引き受ける親分肌でもあります。

ただし自分勝手に行動したり、出しゃばったりする傾向があるため、人間関係がしっくりいかないことも。

悪意はないけれども安請け合いをして、口だけで終わることも結構多いようです。

また、時代の先取り感覚に秀でている反面、熱しやすく冷めやすい傾向があります。

物事に凝りやすい反面、すぐに投げ出してしまう飽きっぽいところもあるので、短期集中型でいくといいでしょう。

若々しく活動力に満ちており、早い時期から運気を上昇させることができる初年運です。特に30代は最盛期となります。

四緑木星

四緑木星の人は、とても頭の良い人、賢い人です。

物静かでやさしく、人に好かれます。

何も言わなくとも、その場の雰囲気を瞬時にキャッチするのが得意で、これがこの星の最大の特徴でもあり、能力といえます。

おとなしく、口数も少ないため、周りから警戒されてしまう損な面もありますが、年上の人には受けが良いタイプです。

特に目上の人には可愛がられ、引き立ててもらって成功することが多いようです。

一方で、本当の心の内を明かさない人が多い傾向にあります。

気迷いが多く、相手の出方を見て行動するようなところがあります。

他人の気持ちを察するという洞察力に秀でており、交際上手でもあります。

世話好きで、信頼のおける人が多いのも、この星の人の特徴です。

ふだんは温厚ですが、時に大いに立腹し、周囲を驚かせることもあります。

しかし、気持ちの切り替えが早いので大きな欠点とはなりません。

また、人の意見には素直に従っているようで、心の中では別のことを考えていることが多々あります。

そういった面が、「なかなか本心を打ち明けない人」という印象を与え、誤解を招くことがあるようです。

用心深い反面、安易に他人を信じて軽々しく行動し、失敗することがあります。

また、飽きっぽく、優柔不断で決断力が乏しく、迷いやすい傾向があります。

そのため商売においては、せっかくのチャンスを逃すか、または欲をかいて損をするような目にも遭いやすいようです。

とはいえ、明るく社交的な性格なので周囲の人からは好感を持たれ、人気者となります。

多くの人から引き立ててもらい、わりと順調に発展していきます。運気は初年運です。

五黄土星

五黄土星の人は、人望も人徳もあり、リーダーとしての資質を生まれながらにしてもっています。

人情に厚く、几帳面で、弱い立場の人や自分を頼ってきてくれる人には、自分が犠牲を払ってでも助けようとするやさしさがありますので、人にも助けてもらえます。

一方で、自分の才能を過信するあまり、気位が高い面があります。

弱い立場の人や自分を頼ってきてくれる人には、自分が犠牲を払ってでも助けようとする優しさがあります。

頭がきれて度胸があり、人の上に立つリーダータイプです。

内面は単純で親分肌ですが、計算高い面があり、「切れ者」でもあります。

場合によっては損得で判断するなど非情な面もあり、割り切れるタイプの人もいます。

ようするに要領がよい人といえるでしょう。

また、一見、柔和に見えて、実は偏屈。気むずかしく、強情なところがあります。粗野で無頓着な面もありますが、いったん国家・社会・家庭内に危機滅亡という破局の状態が発生した場合には、必ず表に出てきて治めるのも、この星の人が多いようです。

何事にも細かいところまで気がまわる反面、猜疑心《さいぎしん》が強く、決断力に欠けます。人に服従することが苦手で、自分の思い通りに物事を進めないと気がすまないところがありますが、概して正義派で、物静かで温和な性格です。

寛大で慈悲深く、面倒見のよい親分肌の人が多いのも、この星の特徴です。

特に女性は努力家であると同時に、発言力、行動力ともすばらしい求心力があります。

駆け引きでは強引に自分の意志を通そうとする傾向が強いため、人に恨まれやすいところがあります。

こうした特徴から、人の上に立つか、とことん落ち込むか、吉凶も極端に現れます。

しかし、どんな境遇にも耐えうるだけの芯の強さと強い精神力をもっています。

親子の縁が厚く、運気は晩年運です。

男性は中年以降の病気や異性関係に注意が必要です。

六白金星

六白金星の人は、気性が激しく、負けず嫌いで勝気な性格です。

思ったことをズバッと言葉にしたり、行動に移したりします。

特に年上や目上の人に対し、反骨の精神があります。

実は人想いのやさしい性格なのですが、正しいことを言うために、うるさい人、煙たい人と毛嫌いされる傾向にあります。

面倒見がよく、特に年下をかわいがります。

信仰心があり、神仏を大事にする方も多いでしょう。勝負師の一面もあります。

この星の人は運気が自然に備わっていて、名誉、地位、権力、栄光などを約束されています。

そのためプライドも高く、気品のある性格の人が多いようです。

また、正直で美しい心をもっています。

聡明で先見の明もあり、決断力もあるため、投資や勝負事が得意という人が多いようです。

潔癖で正義感が強いため、不正や悪を許さないところがあり、困っている人を見過ごせずに手を差しのべる人情味もあります。

真面目で几帳面。責任感も強く、人の上に立つことにも適性があります。

一方で、気位が高く、負けず嫌いなので、人にお世辞をいったり、人からあれこれと指示されるのを嫌います。

また、頑固で意地っ張りで、ズケズケ物を言う傾向があるので、目下や後輩からは慕われても、上司や先輩からは警戒されることもあります。

一見、世話好きで社交的に見えますが、人の指示を嫌うため、へんなところで交際下手です。

金銭的には不自由しませんが、お人好しのため、人にいろいろ与えるのが生きがいという面があるので、そのための出費が多くなります。

運気は晩年運ですが、努力次第でもっと早く開けるでしょう。

七赤金星

七赤金星の人は、快活で頭も良く、器用で世話好きです。
目先が利いていて、世の中を渡る才覚に長けています。
交際上手で社交性に富み、交渉事に力を発揮します。
お話も上手く、コミュニケーション能力に長けています。
自分を良く見せる術を知っており、人一倍華やかなことを好みます。
周囲からちやほやされるのも好きですし、人を魅了する力があります。
他人からの受けが良く、引き立てられることも多いようです。
口が達者で、人を説き伏せる器用さをもっており、度胸もあります。

巧みな話術に周囲の人は魅きつけられます。

特に女性は人を説き伏せる器用さを持っており、度胸もあります。

しかし、時にその口が災いしてし、他人を批判したり、異性問題を引き起こしたりしやすいところがあります。

気が変わりやすく、口約束を実行しない傾向もあります。

見栄っぱりで、同じ失敗をくり返す人も多いようです。

一般に社交性があって陽気ですが、内面はかなり神経質で猜疑心も強く、裏表があります。

大胆な行動をしたり、平気で昨日の友を裏切れるようなところがあります。

肝《きも》がすわっていて自尊心が強いわりには、すぐに自信をなくしてしまう脆《もろ》さも持っています。

また、この星には殺伐《さつばつ》とした面が潜んでいるので、意外に冷酷な面があるのですが、腹の中はきれいで、根に持ちません。

習い事などには熱心に取り組みます。運気としては晩年運です。

八白土星

八白土星の人は実直で温順。万事に器用で丁寧です。

辛抱強く仕事熱心なので他人から引立てられることも多いようです。

一度決めた目標はコツコツと努力して、必ずやり遂げる意志の強さを持っています。

また、人情味にあふれていて、困っている人を見ると放っておけないところがあります。

小を積んで大にする妙《みょう》を心得ており、倹約家でお金も貯まります。

ただ、倹約のいきすぎでケチになることもあるので要注意です。

全般的にしっかり者ですが、それだけに強情で理窟屋といえます。

頑固一徹《がんこいってつ》で自分の主張を強引に押し通そうとする面もあります。

細かなことにうるさいタイプで、こだわりを持ちすぎる人です。

人の面倒をよくみますが、なぜか真の友人が少ない傾向にあります。

プライドが高く、ライバル意識が強い人が多いようです。

男性はお山の大将になりたがりますが、猜疑心が強く、好機を逸《いっ》したり、短気や先走りで失敗することもあるようです。

むらっ気があり、意志が弱い面もあるため、強い言葉に迷いやすく、決断力に乏しいのも欠点です。

しかし、持ち前のねばり強さで努力が実り、中年期から晩年にかけて待ち望んだ幸運をつかみます。

九紫火星

九紫火星の人は、感受性が強く、美的センスにあふれています。

勉強熱心で、知識欲が旺盛で、先見の明もあります。

知りたいと思ったことはとことんまで追究します。

時代の空気を感じ取る能力に長けていて、良き協力者がいれば大きな幸せをつかめます。

頭脳の明晰さは九星の中でも抜群です。

活発で陽気で、たとえ落ち込むような状況になっても冷静に判断して、立て直すだけの賢《かしこ》さを備えています。

総じて派手好みで見栄っ張りなところがあり、名誉を重んじます。

うぬぼれが強かったり、他人を見下すところがあるなど、自分本位な面が見受けられます。

やきもち焼きですが、浮気っぽい傾向もあります。

強情でわがままな行動が多い反面、内面は気が弱く、落ち込むと陰気っぽくなる傾向があります。

口が達者で弁才がありますが、それだけに口が災いの元になることも。

この星の人の大きな特徴は、心の中に他人を入れたがらないところがあることです。

人の話はよく聞きますが、自分の話はあまりしたがりません。

運気は中年期が一番の盛り上がりを見せます。

心の深いところで影響を及ぼす月命星

私たちの性格や運勢は生まれた年の本命星だけでなく、生まれた月の「月命星」にも強く影響されています。ですから**性格や運勢を観るときは、本命星とともに月命星もあわせて観なくてはなりません。**

月命星は、基本的な性格を表す本命星のもう一つ奥にあって、その人の心の癖や行動パターンなどを無意識のうちに支配しているからです。

人の「弱点」や「欠点」は本命星よりも月命星に出てきます。

たとえば、大人の子供への虐待などもその一例といえます。

近年、大きな社会問題になっていますが、幼少期に親から虐待を受けて育った人は、大人になってから自分の子供を虐待する人が多いといわれています。負の連鎖というのでしょうか、子供の頃に受けた恐怖がトラウマとして残っているため、大人になってからもその人の心を支配するからでしょう。

実は、一般的な方位学の鑑定では本命星ばかり観て、月命星まで観ようとしないのです。しかし、私は本命星だけでなく、常に月命星も読み取るようにしています。

月命星を丁寧に読み取っていると、心の奥底に潜んでいるものが見えてきて、その人の人物像がおぼろげながら浮き上がってきます。

すると、そこからその人の行動パターンや、ものの考え方、かかりやすい病気の傾向などが見えてきますから、問題解決の糸口を見つけることができます。

本来、私ども鑑定家も、そうした深層心理的なものまで丁寧に読み取って鑑定するべきですが、本命星に加えて月命星や傾斜宮（131ページ参照）を加えて鑑定すると、9×9×9＝729通りにもなってしまい、その組み合わせも一人ひとり違うので、読み取るのが非常に難しいのです。

特に月命星で心の奥底に潜むものを読み取るのは至難の業なのです。

この難しい内容を１冊の本の中で説明するのは、あまりにも複雑すぎてわかりにくいため、私はいままで出版してきた本の中ではあえて「１＋１＝２」というくらいの感覚で書いてきました。そうしなければ全体像が伝わりにくいと思ったからです。

ですが、本当は「１＋１＝２」だけでなく、時には「１＋１＝５」になるようなこともあるのです。

その詳細は言葉で表現するのも難しいため、これまで月命星について詳しく語ってきませんでしたが、ここではできる範囲で詳しく説明したいと思います。

「三つ子の魂百まで」の意味

人は生まれてから18～22歳くらいまでは月命星が支配しています。

月命星はいうなれば、その人の大元をつくる最も大事な栄養素なのです。

これが、いわゆる「三つ子の魂百まで」といわれるものです。

ここでいう「三つ子」とは3歳という正確な年齢ではなく、幼少期というくらいの意味と捉えてよいでしょう。この「百歳」も、いうまでもなく、百歳という正確な年齢ではなく、一生・生涯という意味です。

幼少期に人格を形成する基本ができあがるというのは事実であり、科学的にも証明されていることなのです。

私は、人格を形成する基本ができあがる年齢として、３歳よりもやや年齢の幅を広げて、18～22歳ぐらいまでと捉えています。

もともと私たちの行動のほとんどは無意識的なものですが、ある程度の年齢以上になれば、それを意識（自我）がコントロールして、行動を修正することができます。

自制心とか理性が発達してくるからです。

その「ある程度の年齢」というのが、一般的に18～22歳ぐらいとみなされています。

物事にこだわるとか、こだわらないとか、正直とか嘘つきとか、ささいなことでもくよくよ思い悩むとか、あまり悩まないとか、そういった性格はだいたい、月命星が支配する18～22歳くらいまでに大枠が形成されると考えられます。

大人になって急にそうなるというのは、まずないのではないでしょうか。小さい頃から頑張り屋さんだった人は、大きくなってからも頑張り屋さんです。

食べ物の嗜好についても同様のことがいえます。

たとえば、大人になってから急にニンジンが嫌いになったとか、急に甘いものが好きになったといった話はあまり聞きません。

もちろん一概にはいえませんが、ニンジンが嫌いな人は、やはり小さい頃からニンジンが苦手だったという傾向が強いのではないでしょうか。

臭いが嫌いだからとか、お母さんがニンジン嫌いだったので子供にも食べさせなかったからとか、嫌いになった理由はいろいろあるかと思いますが、小さい頃からの積み重ねでそうなったのでしょう。

18〜22歳くらいまでに経験した、ありとあらゆることが記憶として心に刻まれていき、その人の〝根っこ〟の部分ができていくわけです。

楽しかったこと、ワクワクしたことの記憶ももちろんありますが、どちらかというと、親や近親者からの虐待、暴力、いじめ、貧困、溺愛、……そういった悲しかったこと、恐かったことなど、心を深く傷つけられたショッキングな記憶のほうが多いようです。

そして、それらが隠しておきたい弱点・欠点として抑圧され、心の奥に閉じ込められ、**トラウマ（心的外傷）**やコンプレックスとなり、大人になってからも、その人の考え方や行動に大きな影響を与えるのです。

心の奥深くに閉じ込められているために、本人も気づかないことが多いのですが、自分のことを知るためには、ここの部分がいかに重要かということです。

このように、人に言えない心の傷を負っているような場合、本命星だけではわからなかったことも、月命星まで見ていくと、その人のトラウマとかコンプレックスといった隠れた部分までわかってくるのです。

ただし、18~22歳を過ぎると月命星は内面に引っ込み、本命星が表に出てきます。内面に引っ込んだからといって、月命星の影響がなくなったわけではなく、私たちの心の奥深いところで影響を及ぼし続け、行動パターンとして表れてきます。

ですから、この部分が未熟なまま世の中に出てしまうとバランスを崩してしまい、さまざまなトラブルを起こす可能性が高くなります。

あなたの月命星は？

では、さっそく「月命星早見表」から、あなたの月命星を探してみましょう。

表の一番上の本命星と、それぞれの生まれ月がクロスするところが、あなたの月命星です。

たとえば、あなたが１９８０（昭和55）年7月10日生まれだとすると、本命星が二黒土星で、月命星が六白金星ですから、本命性の二黒土星の性格を持ちながら、月命星の六白金星の精神を持っていることになります。ですから、あなたの性格や運勢を観るときは、二黒土星と六白金星の両方の星の性質を参照するようにしてください。

なお、月命星早見表は、月の始まりが1月ではなく、2月から始まっていることに注意してください。それは、方位学では旧暦を用いるため、新年は立春（2月4日頃）から始まるためです。したがって、生まれ月が1月1日〜立春までの人は、前年生まれと考えて計算してください。

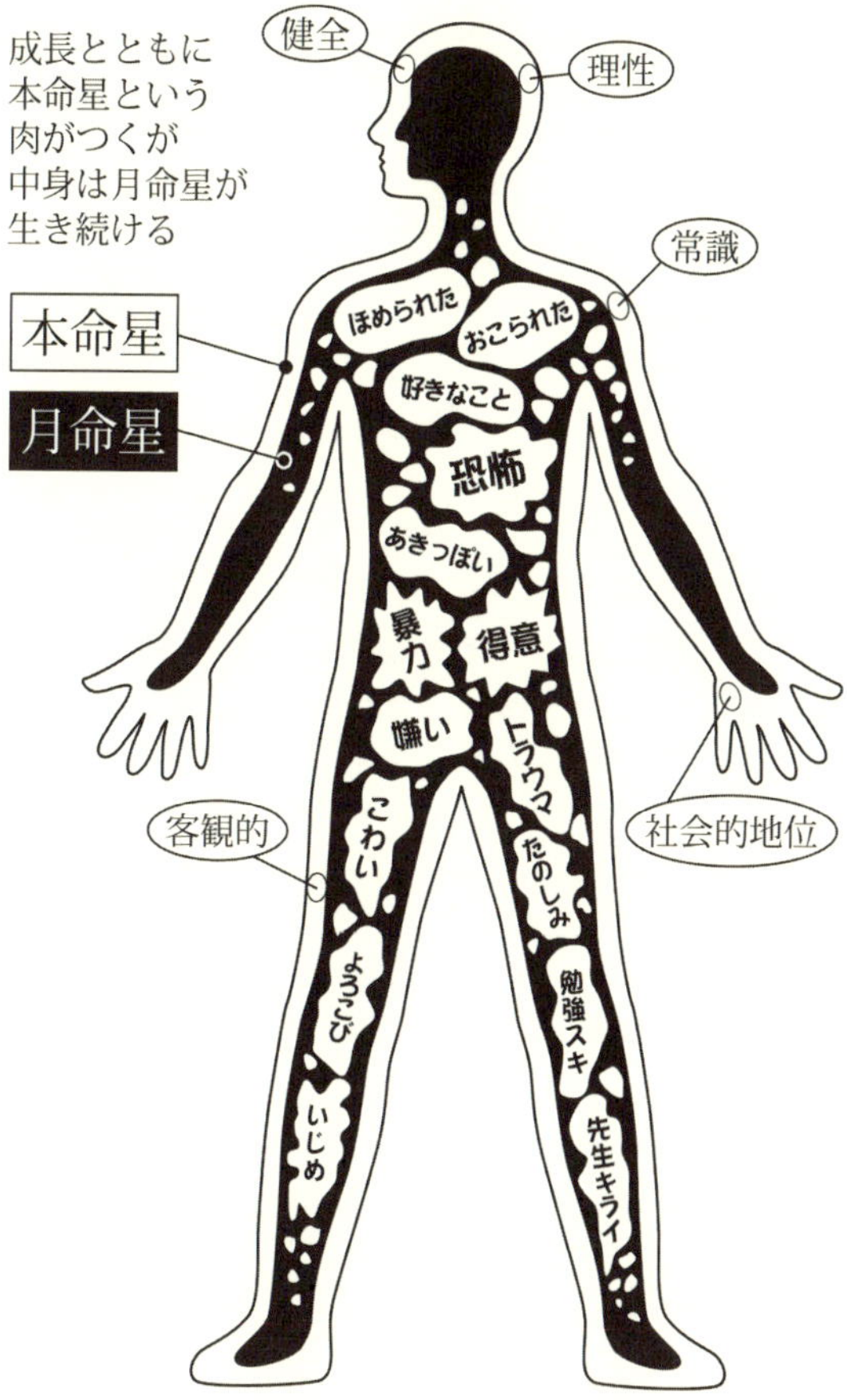

月命星早見表

本命星 ＼ 生まれ月	一白水星 四緑木星 七赤金星	二黒土星 五黄土星 八白土星	三碧木星 六白金星 九紫火星
2月 (2/4 ～ 3/5)	八白土星	二黒土星	五黄土星
3月 (3/6 ～ 4/4)	七赤金星	一白水星	四緑木星
4月 (4/5 ～ 5/4)	六白金星	九紫火星	三碧木星
5月 (5/5 ～ 6/4)	五黄土星	八白土星	二黒土星
6月 (6/5 ～ 7/6)	四緑木星	七赤金星	一白水星
7月 (7/7 ～ 8/6)	三碧木星	六白金星	九紫火星
8月 (8/7 ～ 9/6)	二黒土星	五黄土星	八白土星
9月 (9/7 ～ 10/7)	一白水星	四緑木星	七赤金星
10月 (10/8 ～ 11/6)	九紫火星	三碧木星	六白金星
11月 (11/7 ～ 12/6)	八白土星	二黒土星	五黄土星
12月 (12/7 ～翌年 1/4)	七赤金星	一白水星	四緑木星
1月 (1/5 ～ 2/3)	六白金星	九紫火星	三碧木星

節入は年によって２～３日のずれが生じます。

宿命を支配する「傾斜宮」

心の奥底に潜んでいるものを教えてくれるのが月命星であり、傾斜宮です。

自分のことをさらに深く知るためには、
月命星に加えて傾斜宮を読み取らなければなりません。

傾斜宮を読み取ることで、月命星よりもさらに心の奥底に潜んでいる、その人の宿命（秘められた才能、行動パターンなど）を知ることができます。

ただし、傾斜宮は本命星と月命星が共鳴し合っているものなので、単独で利用すべきではなく、本命星や月命星とあわせて使用します。

傾斜宮は本命星と月命星がわかって初めて割り出せるものです。

あなたの傾斜宮は何？

傾斜法を使って性質を知るためには、まず自分の傾斜宮を知らなくてはなりません。
次の傾斜宮早見表から、あなたの傾斜宮を見つけてください。

傾斜宮早見表

本命星＼月命星	一白水星	二黒土星	三碧木星	四緑木星	五黄土星	六白金星	七赤金星	八白土星	九紫火星
一白水星	離《り》宮《きゅう》	乾宮	兌宮	艮宮	離宮	坎宮	坤宮	震宮	巽宮
二黒土星	巽《そん》宮《きゅう》	乾宮	乾宮	兌宮	艮宮	離宮	坎宮	坤宮	震宮
三碧木星	震《しん》宮《きゅう》	巽宮	巽宮	乾宮	兌宮	艮宮	離宮	坎宮	坤宮
四緑木星	坤《こん》宮《きゅう》	震宮	巽宮	震宮	乾宮	兌宮	艮宮	離宮	坎宮
五黄土星	坎《かん》宮《きゅう》	坤宮	震宮	巽宮	男＝艮宮 女＝乾宮	乾宮	兌宮	艮宮	離宮
六白金星	離《り》宮《きゅう》	坎宮	坤宮	震宮	巽宮	坤宮	乾宮	兌宮	艮宮
七赤金星	艮《ごん》宮《きゅう》	離宮	坎宮	坤宮	震宮	巽宮	艮宮	乾宮	兌宮
八白土星	兌《だ》宮《きゅう》	艮宮	離宮	坎宮	坤宮	震宮	巽宮	兌宮	乾宮
九紫火星	乾《けん》宮《きゅう》	兌宮	艮宮	離宮	坎宮	坤宮	震宮	巽宮	坎宮

（網掛け）特殊傾斜宮

本命星と月命星が同じになる人は**「特殊傾斜宮」**といい、通常の傾斜とは異なったルールで傾斜宮が決まります。

傾斜宮の特徴

心の奥底に潜む性格や才能など

あなたの傾斜宮は見つかりましたか?

それでは、それぞれの傾斜宮の特徴を記しておきますので、自分をさらに深く知るうえでの参考になさってください。

坎宮《かんきゅう》傾斜の人の特徴

◎冷静で頭脳明晰、一方で二面性をもつイメージ

〈長所〉……順応性が高く、社交的で交際上手。

　器用で駆引きも上手ですが、気配りもきちんとできます。

　義理人情に厚く、面倒見が良いのも長所といえます。


〈短所〉……義理人情に厚い一方で、他人のことで振り回されてしまうことも。

　苦労性な傾向があるのも見逃せません。

　本心を打ち明けなかったり、他人の意見を聞かなかったりという面もあり、気位が高く、嫉妬《しっと》心《しん》や猜疑心が強く出ることも。

　強情な性格を隠しもち、二面性があるのも特徴です。


〈その他〉…長短どちらにも通じますが、計算高い部分もあります。

　また、周囲の影響を受けやすいのも坎宮傾斜の人によくある傾向です。

坤宮《こんきゅう》傾斜の人の特徴

◎地味で堅実、ずっとコツコツのイメージ

〈長所〉……とにかく堅実であり、素直で従順、勤勉実直で温和な性格が特徴です。粘り強い努力家であり、地味ながらも考察力や理解力に優れています。人に好かれやすく、とくに年長者からかわいがられることが多いようです。

〈短所〉……一方で、小心者で決断力に乏しいのが短所。石橋を叩いて確認してもなお渡らないことも。また、不器用な面があり、交際下手でもあります。気難しく意地っ張りで高慢な面があるほか、ケチ、他力本願で人に頼るなどの短所も見られます。

〈その他〉……大儲けできない傾向にありますが、逆にいえばコツコツとお金をつくっていけるタイプでもあります。

震宮《しんきゅう》傾斜の人の特徴

◎目端は利くが、目立ちたがりのイメージも

〈長所〉……活動的で積極的な性格。流行に敏感でもあり、時代を先取りする先見性を併せもっています。新し物好きであり、アイデアにあふれ、頭の回転がよく、一を聞いて十を知るタイプです。

〈短所〉……自分中心の性格で、人間関係のトラブルが多い傾向にあります。積極的ではあるのですが、やや軽率なイメージがあり、見栄っ張りで、軽はずみな行動を起こすことも。負けず嫌いのわりに気弱、という部分もあります。

〈その他〉…野心が強いタイプです。目先を追う傾向にありますので、長い目で見て「辛抱強く」ということは苦手かもしれません。

巽宮《そんきゅう》傾斜の人の特徴

◎優柔不断でつかみどころのないイメージ

〈長所〉……協調性があり、穏やかで柔和、やさしい性格です。
他人の気持ちを理解する能力に長けているほか、
世話好きで物事をまとめるのが上手です。
要領の良さも満点。協調性抜群のタイプです。

〈短所〉……用心深く、なかなか本心を見せないうえ、
他人を侮る傾向もあり、真の友人が少ない傾向にあります。
優柔不断で移り気、取り越し苦労の多いことも。
面従腹背《めんじゅうふくはい》なところがあります。

〈その他〉…大きな成功もないかわりに大きな失敗もないタイプです。

乾宮《けんきゅう》傾斜の人の特徴

◎正義感が強いが、その分自尊心が強いイメージ

〈長所〉……正義感が強く、正直でかつ聡明な性質です。
リーダーシップを発揮するタイプ。芯の強さも併せもっています。
活発でどんなことにも許容性があり、快く人に尽くすことができます。

〈短所〉……正義感が強いことの裏返しで、強い潔癖症が出ることも。
警戒心が強く、人見知りが激しいので、
一見、社交的に見えるものの口下手で交際下手な面も。
慎重になりすぎてチャンスを逃すこともあります。
また尊大な態度に見られがちなため誤解されやすいのも欠点。

〈その他〉……大局的な行動は得意ですが、目先の事務的処理は苦手というタイプです。
外面はいいのですが、家の中ではケチという人が多いのも特徴です。

兌《だ》宮《きゅう》傾斜の人の特徴

◎華やかで人の目を惹きつけるイメージ

〈長所〉……愛嬌《あいきょう》があり、話術に長けているのがこのタイプ。

社交性に優れ、世渡り上手。サービス精神も旺盛で、世話好きです。

器用で多芸多才、誰からも好かれる傾向にあります。

流行にも敏感です。

〈短所〉……実は見栄っ張りで神経質。

猜疑心も強く、他人の悪口を言うことが多い。

また殺伐とした、冷酷で非情な裏の表情も併せもっています。

自尊心が強いわりにすぐ自信をなくす傾向もあります。

〈その他〉…良し悪し両面ありますが、八方美人になりがち。

何事も如才《じょさい》なくこなすタイプで、派手好みなところもあります。

艮宮《ごんきゅう》傾斜の人の特徴

◎人の上に立つが頭を下げないイメージ

〈長所〉……実直で辛抱強く、一途な性格です。
手先が器用で、凝《こ》り性なところもある職人気質。
家庭的であり、周囲の人を大切にします。
人情味にもあふれ、困っている人を放っておけないところも。
粘り強さもあります。倹約家の一面も。

〈短所〉……うぬぼれが強く、強情で頑固、融通性に欠ける面も。
威張り散らすところもあり、ひとりよがりな傾向があります。
「お山の大将」というべきでしょうか。
また意外にむらっ気があります。倹約家の一方、他人にはケチ。

〈その他〉…人の上に立つタイプですが、
頭を下げることを良しとしない「気位の高さ」をもっています。

離宮《りきゅう》傾斜の人の特徴

◎派手で陽気、美的センスのあるイメージ

〈長所〉……感受性が強く、陽気な性格です。

派手な行動で人目を引くタイプであり、思いついたらすぐに行動に移します。

〈短所〉……話好きで弁才もあり、情熱家です。

知識欲も旺盛で、先見の明にも優れます。脚光を浴びるタイプです。

短気でわがままなところがあり、見栄っ張り。

人の話は聞くが、自分のことを話したがらなかったり、うぬぼれが強く、他人を見下したりします。

名誉や名声に弱い傾向があります。

自分本位な面が強く出ることもあり、浮気性の側面も。

〈その他〉……良くも悪くも反骨精神が旺盛で、目上の人にたて突くタイプです。

特殊傾斜の人の特徴

本命星と月命星が同じ場合を**「特殊傾斜宮」**といいます。

特殊傾斜宮の人は神経質で繊細な人が多く、例えば、幼少期に体が弱かったり、親との確執があったり、また生一本な性格の人が多いのも特徴です。

そのため、やや波乱に富んだ人生を送る傾向にあるといわれています。

〈長所〉……何事に対しても徹底してやり切ることができます。

面倒見がよく姉御《あねご》肌、兄貴肌のタイプです。

正義感にあふれている面も持っています。

〈短所〉……自己主張が強いので、ワンマンに思われがちです。

理屈が大好き、人を論破《ろんぱ》するのが得意です。

〈その他〉…面倒見の良さを活かして、
他人への気配りができるように心がけるとよいでしょう。

第5章

あなたはどんな運命の人?
どんなタイプの経営者?

九星でわかるあなたの人物像

ここでは、あなたはどんな性格で、どんな運命の人なのか。また、どんなタイプの経営者なのかなどについて調べていくことにしましょう。

一白水星
――どんな分野にも柔軟に対応できるタイプ

基本的な人物像

一白水星の人は「水」のように、どんな器にも合わせて形を変える**柔軟性・順応性に富んでいる**ので、次のような特徴があります。

・頭脳明晰で器用

・社交的で交際上手
・気配りができる
・義理堅い・面倒見が良い
・話に説得力がある
・実行力に優れている
・忍耐力もある
・気位が高く、嫉妬心や猜疑心も強い
・他人の意見や忠告に耳をなかなか貸さない

仕事運と適職

飲食等の「水商売」で成功を収める人が多くいます。

その他にも、「水」から連想できる水運、水資源関係のビジネス（飲料、水力の新エネルギー）、さらには環境関係のビジネスなどにも、注目していくとよいでしょう。

万事に器用なので、自分の才能を活かす職業に就くとよいでしょう。

〈開運のポイント〉
・他人に心を開き、自ずから情報を開示する
・他人の意見に耳を傾ける謙虚さを持つ
・押しの強さをグッとこらえて地道な説得を試みる

一白水星の経営者

松本　清氏（マツモトキヨシ創業者　元社長）
本庄大介氏（株式会社伊藤園　代表取締役社長）
辻　信太郎氏（株式会社サンリオ　代表取締役社長）
宮崎　遵氏（エバラ食品工業株式会社　代表取締役社長）
菰田正信氏（三井不動産株式会社　代表取締役社長）

竹田光広氏（株式会社ユナイテッドアローズ　代表取締役社長執行役員）
田中通泰氏（亀田製菓株式会社　代表取締役会長・ＣＥＯ）
大原孝治氏（株式会社ドンキホーテホールディングス　代表取締役社長兼ＣＥＯ）

二黒土星

――堅実さを活かせば努力が実るタイプ

基本的な人物像

二黒土星の人のイメージは「黒い土」ですから、**縁の下の力持ち的な役割を好む傾向にあるので**、次のような特徴があります。

・コツコツと真面目に努力する
・誰にでも親切

・細かい配慮ができる
・人が嫌がる仕事もできる
・表に立つことを好まない

仕事運と適職

「大地」に関係する仕事、例えば不動産業や土木、建築関係は、とても相性の良い業種です。

営業や現場を仕切る仕事では、一目置かれる存在です。

また、庶民派・大衆的な面もあり、飲食店や物販、衣料品など、生活に身近なビジネスで消費者ニーズに応える経営で才能を発揮します。

目をかけてくれる年長者の助けがあれば良い結果を得ることができます。

「晩年運」とも言われ、努力が中年期以降に実り、一代で事業を安定起動に乗せる人も多いようです。

〈開運のポイント〉

・眼の前の商機に右往左往せず、長期的な展望を持つ
・他力本願でも責任は自分で背負い、他人への感謝を忘れない
・人を下に見ず、積極的にサポートすることで組織をまとめる
・一番にならないこと。常に二番手で一番を補佐すること
・人材育成に地道な努力をし、長期的な事業計画で堅実な経営を目指す

二黒土星の経営者

井深　大氏（ソニー株式会社　創業者・元社長）
藤田　田氏（マクドナルド　創業者）
和崎信哉氏（ＷＯＷＯＷ代表取締役会長）
田中　仁氏（ジェイアイエヌ　代表取締役社長）

土井君雄氏（カメラのドイ　創業者）
松本博文氏（松本引越しセンター　創業者）
池田章子氏（ブルドックソース株式会社　代表取締役社長）

三碧木星

――積極的なイノベーションで新境地を拓くタイプ

基本的な人物像

三碧木星の人は「音」や「雷」のほか、「若い木」のイメージも持っているので、**グングンと成長するエネルギーに満ちています。**

・明るくて陽気、活動的
・頭脳明晰で頭の回転も速い

・理解力や考察力に長けている
・仕事の覚えが早い
・年長者からかわいがられる
・義侠心《ぎきょうしん》があり、進んで手を挙げる
・即断、即決、短期集中型

仕事運と適職

「音」を介した情報伝達やコミュニケーションに適しています。

イベントやエンターテインメント、ＩＴ技術を用いた放送や通信関連の事業など「派手」な分野で才能を発揮します。

流行を先取りしたアイディアも豊富なので、人の下で働くよりも起業して自ら実現していく場を持つことを望むため、経営者には適しています。

小回りの効く、身の丈にあった組織づくりができると大成します。

〈開運のポイント〉
・出しゃばらずに周囲をまとめる役にまわる
・実力以上の安請け合いはせず、他人の力を素直に借りる
・一本気に攻めるだけでなく、待ちの姿勢も身につける

三碧木星の経営者

出雲　充氏（株式会社ユーグレナ　創業者・代表取締役社長）
米濵和英氏（株式会社リンガーハット　代表取締役会長兼ＣＥＯ）
山田　昇氏（株式会社ヤマダ電機　代表取締役社長　兼代表執行役員ＣＥＯ）
井上　亮氏（オリックス株式会社　取締役　兼　代表執行役社長・グループＣＥＯ）
坂本龍馬（政治家・実業家）

四緑木星
――社交性と洞察力で安定の道を選ぶタイプ

基本的な人物像

四緑木星のイメージは「風」ですから、基本的に**落ち着いていて、物静かで優しく、周囲の誰もが好印象を持ちます。**

・チャレンジを好まず、大きな失敗も成功も無縁
・どんな分野にも順応し居場所を作れる
・人を見る目がありチームづくりが上手い
・社交性に長けている
・物静かで人に好かれる

・用心深く、ときには優柔不断なほど距離を保った洞察力で周囲の人々を見ている

仕事運と適職

相手に合わせる順応性が高いので、受注型の業種に適した経営者です。旅行関係、貿易関係、輸送・交通関係など、いずれも顧客対応のきめ細やかさに持ち前の洞察力が生かされます。

また「木」に関連した木材の取扱、木工製品の製造や販売、園芸などの仕事では、顧客ニーズに合った製品提案が高い評価を得られるでしょう。

二黒土星と同様に、年長者から可愛がられ、引き立てられるタイプです。

誰からも好かれる当たりの良さと、本心を見せない慎重さの程よいバランスを取る努力が必要です。

〈開運のポイント〉

・相手を知り、自分もその関心分野を積極的に吸収する
・出会いに恵まれてもそこに甘えず、自己鍛錬を欠かさない
・相手を表面的に利用せず、常にウインウインの関係を心がける

四緑木星の経営者

本田宗一郎氏（本田技研工業　創業者）
角田重夫氏（株式会社ツノダ　社長）
堀内光一郎氏（富士急行株式会社　代表取締役社長）
穐田誉輝氏（クックパッド株式会社　代表執行役）
張本邦雄氏（ＴＯＴＯ株式会社代表取締役　会長　兼　取締役会議長）

五黄土星

――リーダーシップで成功に導くタイプ

基本的な人物像

五黄土星は別名「帝王の星」とも呼ばれ、**「すべてを土に返す」という九星の中でも一番強い星です。**

・寛大で慈悲深く、面倒見のよい親分肌
・リーダーの資質がある
・正義感が強く、頼られると全力で助ける
・几帳面だが、度が過ぎると偏屈《へんくつ》な場合も
・逆境に耐え、立ち直る精神力を持つ

・自分の意志をときに強引にでも押し通す
・強さと繊細さを併せ持つ
・面倒見のよさから細かいところまで気が回る
・行動の結果の吉凶が極端

仕事運と適職

金融業、不動産業などお金が動くビジネスのほかにも、政治家や宗教家など、カリスマ性が求められる仕事のほか、葬儀業、清掃業など、几帳面さと他人への気遣いが求められる業種にも合っています。

自他ともに認める親分肌をいかせる事業が大成への近道です。

実業家として起業しても職人肌の個人自営業者としても、大勢のビジネスパートナーを得ることができるでしょう。

〈開運のポイント〉

・思惑と異なる状況にも理性的に向き合う
・ワンマンにならないよう周囲の意見に耳を傾ける
・努力を怠らず、出会いを大切にする
・成功後も油断しない

五黄土星の経営者

大倉忠司氏（株式会社鳥貴族　代表取締役社長）
江崎勝久氏（江崎グリコ株式会社　代表取締役社長）
飯島延浩氏（山崎製パン株式会社　代表取締役社長）
渡邉美樹氏（株式会社ワタナベフードサービス　社長）
中山隼雄氏（株式会社セガ・エンタープライゼズ　元社長）
松田公太氏（株式会社タリーズコーヒージャパン　社長）

北城恪太郎氏（日本ＩＢＭ株式会社　会長）
北尾吉孝氏（ＳＢＩホールディングス株式会社　社長）
河村泰貴氏（株式会社吉野家ホールディングス　代表取締役社長）
樋口達夫氏（大塚ホールディングス株式会社　代表取締役社長　兼　ＣＥＯ）
鈴木敏文氏（株式会社セブン＆アイ・ホールディングス　代表取締役会長）

六白金星

――磨けば光るリーダーの素養を持つタイプ

基本的な人物像

六白金星のイメージは「磨く前の鉱石」ですから、**鈍く光る荒削りさがありますが、正直で気品も兼ね備えています。**

・潔癖で正義感が強い
・不正や悪を許さない
・社交的で交際上手
・人情味のある親分肌
・何にでも首を突っ込む傾向がある
・気位が高く高級志向

仕事運と適職

六白金星の人は、強い向上心を持ちます。持ち前の行動力や決断力は、周囲も認めるもの。人の上に立ち指導力を発揮することを期待され、チャンスは多くあります。

しかし、**自己主張を押し通すため、空振りや失敗も多くなります。**それを他人や上司に批判されることは好まないので、独立・起業が能力の発揮には一番です。もとも

と人の下で働くことを嫌い、先見の明もあるので、まさに経営者向きです。

起業して経営者になるほかにも、他人から「先生」と呼ばれる立場（政治家や法律関係、習い事、コンサルタントなど）も向いています。

〈開運のポイント〉

・気位の高さは自重し、相手の目線・関心に合わせる
・自己主張を抑制し、相手の意見に耳を傾ける
・自己の理想やアイディアを押しつけず、説明・説得に努力する
・冷静さや謙虚さを身につける
・積極的に世界を広げる努力をする
・知識ではなく、教養を高める
・完全主義を見直して、「人に任せること」を知る
・公私を分けた資金管理に注意する

六白金星の経営者

森　泰吉郎氏（森ビル創業者　元社長）
渡辺省三氏（株式会社レナウン　社長）
保芦邦人氏（紀文食品　創業者）
牛尾治朗氏（ウシオ電機　創業者）
成瀬哲也氏（はなまる　代表取締役社長）
大下一明氏（フマキラー株式会社　代表取締役社長）
宮坂　学氏（ヤフー株式会社　代表取締役社長）
稲盛和夫氏（京セラ株式会社、ＫＤＤＩ創業者）
玉木康裕氏（タマホーム株式会社　代表取締役社長兼ＣＥＯ）
安田隆夫氏（株式会社ドン・キホーテ　代表取締役会長）
羽鳥兼市氏（株式会社ガリバーインターナショナル　代表取締役会長）

七赤金星
——世渡り上手な才覚で人心を集めるタイプ

基本的な人物像

七赤金星は、お金や装飾品など「細工された金属製品」のイメージです。**見る人をハッとさせる明るさと輝きを放ちます。**

・器用で世話好き
・陽気で社交的な反面、好き嫌いが激しい
・話題が豊富で説明も上手
・順応性や適応力が高い
・交際上手で世の中を渡る才覚に長けている

・巧みな話術で他人を説得する器用さ、才覚がある
・流行に敏感で常に多方面へのアンテナを張る

仕事運と適職

さまざまなビジネスチャンスに対し、豊かな才能で臨機応変に対応できます。発注側よりも受注側として、アイディアやサービスの提案をすることで相手を満足させることが得意なので、金融関係、サービス業、営業主体の業種などの会社経営に向いています。

金属関係に運気が開けるので、金属加工や工業関係の業種でも、最新情報を吸収し、新たなイノベーションで取引先を支援できるでしょう。また、個人で活動する司会者や外科医、デザイナー、シェフなどの職種も向いています。

順調な安定期を迎えるまでに時間のかかる「中年運」なので、初期の評価に甘んじて楽をせず、**約束を守る、有限実行など、一つ一つを確実に実現することを心がけま**

しょう。

〈開運のポイント〉

・環境に甘えず、苦労を買って出る
・口は災いのもとと考え、軽口は控える
・考えなしの浪費投資を控え、長期展望を持つ
・忍耐力を身につける努力を怠らない
・失敗から学ぶ謙虚さを持つ
・一つの物事に時間をかけて、じっくりと自分のものにする

七赤金星の経営者

松下幸之助氏（松下電器産業　創業者）
松下正治氏（松下電器産業　元社長）

井上雅博氏（株式会社ヤフー　社長）
金津　猛氏（亀田製菓株式会社　社長）
堀埜一成氏（株式会社サイゼリヤ　代表取締役社長）
孫　正義氏（株式会社ソフトバンク　創業者　社長）
上西京一郎氏（株式会社オリエンタルランド　代表取締役社長）
出口治明氏（ライフネット生命保険株式会社　代表取締役会長兼ＣＥＯ）
鳥井信宏氏（サントリー食品インターナショナル株式会社　代表取締役）
原田泳幸氏（アップルコンピューター　元社長、日本マクドナルド　社長）

八白土星
――どっしり構えた晩期大成型タイプ

基本的な人物像

八白土星の「白い土」は、磁器の原料から**気品の高さ、質の良さを表します。**

・仕事熱心で手を抜かない
・倹約家で資金管理が上手い
・人情味あふれ、義侠心も強い
・辛抱強いしっかり者。強情で理屈屋の一面も
・実直で温順、どっしりと構えた存在感がある
・協調性に欠ける部分がある

仕事運と適職

協調性にはやや欠けるものの、真面目で辛抱強く、勤勉な努力家ですから、硬い職業に向いています。土地に関連した不動産関係、不動産開発に関連したホテル経営、または土木建築の受注業種は、顧客から高い信頼が得られるでしょう。

人の間に立ってビジネスを支える仲介業や、産地と人を結びつける飲食店のオーナーやシェフとしても地道な努力がいかせることでしょう。

持ち前の揺るぎなさ、ブレのなさでリーダーシップを発揮すれば、社員や取引先から高い評価を得る経営者になれます。

〈開運のポイント〉

・目標を決めてコツコツと努力する粘り強さで実績を重ねていく

・他者への柔軟性を示し、積極的に人の和に加わる
・倹約だけでなく、ときには支出は投資だと考える
・短気に走らず、自己主張を抑える
・一国一城の主になったほうが大成する
・協調性をもって人間関係を広げていく
・方針の変更には十分注意する
・何事も自分の一存で決めないように注意する

八白土星の経営者

盛田昭夫氏（ソニー株式会社　創業者・元社長）
井植歳男氏（三洋電機株式会社　創業者・元社長）
小池　恒氏（オリコン株式会社　社長）
鈴木清一氏（株式会社ダスキン　創業者）

三木谷浩史氏（楽天株式会社　創業者）
大村浩次氏（株式会社アパマンショップホールディングス　代表取締役社長）
樋口達夫氏（大塚ホールディングス株式会社　代表取締役社長　兼　ＣＥＯ）
安藤宏基氏（日清食品ホールディングス株式会社　代表取締役社長・ＣＥＯ）

九紫火星
——周囲を引きつけるパイオニアタイプ

基本的な人物像

九紫火星の人のイメージは「燃えさかる炎」ですから、**内面からあふれる性格も外見から人に与える印象も華やか**です。

感受性が豊かでセンスもよく、ブームを追いかけるような人まねではなく、自分なりの信念を持ち、学習も欠かしません。

・直感力に優れ、行動力もある
・ピンチに強く、乗り越える賢さを持つ
・名誉を重んじ、譲らない
・人なつっこい反面、内心を見せない
・旺盛な知識欲と先見の明で時代を先取りするのが得意
・自分に対する揺るぎない自信と信念を裏付ける知識がある
・危機を事前に回避する慎重さに欠ける

仕事運と適職

明晰な頭脳と旺盛な知識欲を生かし、学者・教育者・作家・外交官といった頭脳労働に向いています。

また、美的センスも優れているので、服飾関連、美容関連、健康関連など最新トレンドを個別に顧客に提案する業種でも高い評価を得られます。

「現場」で自分を磨く職人気質をいかせるような事業で大成します。

運気は中年期に勢いが最大化するので、その後、事業分野では一目置かれる存在となるでしょう。

〈開運のポイント〉

・自分本意にならず、常に周囲への配慮を忘れない
・自分のセンスを磨くために、異なる感性にふれる
・自分の内面を情報開示し、理解者を増やす
・相手の懐に飛び込んで「聞き手役」になる
・相手を知る努力をする
・周囲への思いやりを忘れないようにする

九紫火星の経営者

松浦勝人氏（エイベックス株式会社　社長）
宮路年雄氏（城南電機　創業者・元社長）
笹　宏行氏（オリンパス株式会社　代表取締役）
髙島　宏平氏（オイシックス・ラ・大地株式会社　代表取締役社長）
藤田　晋氏（サイバーエージェント株式会社　創業者・元社長）
石川祝男氏（株式会社バンダイナムコホールディングス　代表取締役会長）
ビル・ゲイツ氏（マイクロソフト創業者・経営者）

※経営者の社名・役職などは変更となっている可能性があります。

第6章　「儲かる社長」になるには

まずやれることからやる、これが開運の第一歩です

さあ、ここからは**「儲かる社長」**になるためにはどうすればよいか、具体的な方法をお伝えすることにしましょう。

そこで、まずお聞きします。

あなたは、お腹がペコペコのとき、何を食べたいと思いますか?

これは答えられそうで答えられない質問です。

「好きな食べ物は何ですか?」と聞かれたなら、何かしら即答できるでしょう。

しかし、何日間も飲まず食わずで、今にも死にそうだったらどうでしょうか。

「こちらでお待ちください」と豪華な椅子に座らされ、

最初の1品目が出てくるまで待たされることに耐えられるでしょうか？
のどがカラカラなら、まず1杯の水を、
お腹がペコペコなら、おにぎりの1個でも
すぐに口に入れたいと思うのではないでしょうか？

「溺れる者はワラをもつかむ」ということわざがありますが、
溺れそうになり、ワラをもつかみたい人に、
そのワラを差し出してあげるのが私の役目です。
そうすれば、とにもかくにも死ななくてすみます。
命をつなぎ、一歩を踏み出すきっかけを得たことで不安が和らぎ、
考え方が前向きにガラリと変わっていくからです。
1杯の水、1個のおにぎり、1本のワラ……、
すなわち、目の前の**「まずやれること」をやる、**
それが「開運」のスタートにはぜったい必要です。

小さな一歩ですが、この一歩の差はとても大きいのです。

方位学で言う「まずやれること」とは、ズバリ「**動くこと**」です。

何事でもそうですが、待っているだけでは欲しいものは手に入りません。

積極的に動いてこそ、結果がついてきます。

あらためて経営者のみなさんに申し上げます、

「**動より吉凶生ず**」

動くことから始まり、運は開けてきます。

儲かる社長の多くが「方位」を活用している理由

私の元に相談に来られた方々の相談事は、**「どうも仕事がうまく回らない‼」「資金繰り・融資がうまくいかないので、スタッフ・部下運が欲しい」「今現在の仕事をもっと大きくしたい」「倍の売り上げに持っていきたい」「チェーン展開をするには、いつがよいか」「本社を移したいが、いつ頃にしたらよいか」**等々、多種多様です。

鑑定によって、自分に合った最適な方位と時期についてアドバイスを得ることができます。「儲かる社長」の多くが「方位」を活用している理由はそこにあります。

言うまでもなく、**本人の努力は必要**です。

あとは確かなナビゲーターが示された地図のチェックポイントを一つ、また一つと確実に進めばいいのです。

これこそが長い年月の検証を耐え抜いた「方位学」の素晴らしい点なのです。

むずかしいことはありません。吉方に動くだけでいいのです

方位学は良い方向（吉方）に動くことで運を上げていく世界ですから、動かないことには始まりません。

動くかどうか、あなたの決意にかかっています。

ここで言う「動く」とは、

あなたが求めていること**（目的）**を手に入れるために、**最適な時期に、最適な場所に行く（動く）**ことです。

つまり、吉方位にプラスのエネルギーを取りに行って、

あなた自身の運気を上げてくることです。

これを**祐気取り（吉方取り）**といいます。

旅先でプラスのエネルギーを体いっぱい吸収してくれば、「よし、やるぞ！」と、やる気が湧いてきます。

前向きな気持ちになれれば運気もグンと上り、その結果、運も開けてきます。

方位を活用して、欲しいものを自分から取りに行く、それが方位学です。（祐気取りの基本）

さて、動くにあたって、「いつ」「どの方位」に動くかが問題になってきます。

「いい時期に」「いい方位に動く」ことを祐気取りと言い、**祐気取りの基本**です。

やみくもに動いても意味がありません。

悪い方位ならマイナスのエネルギーを受けることになります。

「いつ」「どの方位に」動けばいいのかをアドバイスするのが私の仕事です。

吉方を取るにもタイミングがあり、いつでも取れるわけではありません。

運がよければ一度にたくさん取れることもあるし、

まったく取れないときもあります。

また、何を望むかによっても取る方位は違ってきます。

だからこそ、方位学はおもしろい学問なのです。

方位を活用して、欲しいものを自分から取りに行く、それが方位学です。

方位学が**「攻めの開運術」**と呼ばれているゆえんが、ここにあります。

方位は〝生きもの〟

「だったら、いつ・どこへ動けばいいのか教えて!!　もったいぶらずに……」

といわれそうですが、残念なことに今回は教えられません。

というのも、過去に3年間の吉方位を紹介した本を数冊出版しましたが、いろいろなものに賞味期限があるように、吉方位も必ず期限を迎えなければならないからです。

「ならば、３年間ではなく、５年、10年の吉方位を書けば？」

といわれるかもしれませんが、これも少し先延ばししただけで必ず期限が来ます。

期限が切れた本は書店から引き上げなければならず、俗にいう「絶版」になります。

私は今から約10年前に**『開運したくない方は、お読みにならないでください』（幻**

冬舎ルネッサンス刊）という本を出しました。

「気学」というより「風水」という言葉が流行っていた頃で、本のタイトルと時期がよかったのか、すごくヒットし、増刷・増刷と好評だったのです。

また、内容もとてもわかりやすいとの評判もあり、読んでくださった方々からは「一晩で読んでしまった」とか「教科書みたいで、すごくためになった」等々、嬉しいお言葉もたくさんいただきました。

しかし、どんなによい本であっても期限がある本だと、書店から去らなければならないのです。

今年はよい方向、例えば東方面がよいとしても、翌年がよいとは限りません。毎年、毎月、毎日動きがあり、吉方位も凶方位もまるで〝**生きもの**〟のように変わります。

ですから書けないのです。

よみがえったタイガー・ウッズ

〝ゴルフの神様〟といわれた天才ゴルファーの、
あのタイガー・ウッズが２０１８年に5年ぶりに優勝しました。
多くの人からの惜しみない拍手を、彼はどのような思いで受け止めたのでしょう。
スポーツ選手でカムバックを果たした人はほとんどいないそうですね。
さんざん誹謗中傷され、人生のどん底を味わいながらも
完全復帰を果たしたウッズを、みなさんはどう思われますか？
彼がよみがえったのは、**「信念」**があったからにほかならないと思います。
笑われようが、けなされようが、中途半端な世間体など気にすることもなく、

「もう一度やってやる！」という強い気持ち、諦めない気持ちが、
彼を再び表舞台に立たせ、勝利をつかんだのです。

私が出会ってきた経営者の方々もみな、
タイガー・ウッズに共通する信念をお持ちでした。
大きな壁にぶつかったとき、
誰ひとりとして「諦める」という選択はしなかったのです。

壁を背に戻ったり、別の道を探したりもしないで、
ただ、目の前の壁の存在を認め、
どうすれば乗り越えられるかだけを考えました。
そのときに経営者はどうすべきか、成功者たちは知っていました。
そして、それを実践したのです。

〝さらに儲かる〟ために心得ておきたいこと

1　神仏を大事にする

誤解しないでいただきたいのは、いわゆる宗教的な活動に入れ込むということではありません。周囲の人々や環境に感謝し、自分の親や先祖に感謝し、という延長線上に、目に見えないものに対する畏敬の念を忘れないということです。成功している経営者には、そういう方がとても多いのです。

2　失敗を恐れない

「成功を祝うのはいいが、もっと大切なのは失敗から学ぶことだ。失敗にどう対処するかで会社が社員の良い発想や才能をどれだけ引き出し、変化に対応していけるかがわかる。どんな会社にも、ミスをして、それを最大限活かしたことのある人が必要だ」（ビル・ゲイツ）

「将来を恐れるものは失敗を恐れて己の活動を制限する。しかし、失敗は成長に続く唯一の機会である」（ヘンリー・フォード）

どんなに大成功をおさめている経営者でも、必ずと言っていいほど失敗しています。経営者というものは失敗を繰り返して大きくなるものといっても過言ではないくらいです。大切なことは、失敗から何を得るかです。

3 継続は力なり

「継続は力なり」とは、くじけずに続けることの重要性を述べた格言です。何事もあきらめたら、その時点で終わりです。マスターズを制して、完全復活を遂げたタイガー・ウッズは優勝会見で、「決してあきらめてはいけない。あきらめたら道はひらけない。戦い続ければ、乗り越えられる」と言っていました。醜聞《しゅうぶん》と体調不良の苦しみのなか、決してあきらめなかったタイガー・ウッズの言葉だけに重みがありますね。

4 言い訳をしない

ああ言えば、こう言う人って、あなたの周りにもいませんか。じつは、うまくいかない経営者には〝言い訳体質〟の人がとても多いのです。自分の失敗や非を認めようとせず、仕事相手や家族に対しても言い訳ばかり。自分が悪いのなら素直に詫びるべきです。それが相手に対する誠意というもの。そうでないと周りの人から嫌われ、しまいには信用をなくしてしまいます。

5　素直である

「素直な人」というのは周囲からの忠告やアドバイスに耳を傾け、良いところはすぐに取り入れられる人のことです。**「良薬口に苦し」**というように、耳の痛い忠告や苦言はなかなかすんなりと受け入れられないものです。まして、自分のこれまでの経験や実績、プライドといったものが邪魔をしてきます。しかし、そのうえで、それらの「良薬」を飲み込むことができるかどうかが、「さらに儲かる社長」になれる条件と言えるでしょう。

「素直な心とは、単に人に逆らわず従順ということではありません。何ものにもとらわれず、物事の真実と何が正しいかを見きわめて、これに従う心です。素直な心になりましょう。素直な心は、あなたを強く正しく聡明にします」（松下幸之助）

6　欲しければ放せ

経営者は**「何かを手放す」**決断をしなければならないことがあります。実績なのか、プライドなのか、過去の経験則なのか。場合によっては「会社」という形もあるかもしれません。両手に何かを握りしめたまま新しいものをつかもうとしてもつかめないからです。欲しければ、いったん手に持ったものを放す。たったこれだけのことで楽になれます。ところが、これがなかなかできないのです。

7　仕事を大いに楽しむ

仕事は「辛く苦しいもの」と思っていませんか。もちろん、仕事である以上、自分の思い通りにいかないこともあり、頑張っているのに、なかなか成果につながらないことも多いものです。そんな状況に陥ると、仕事にやりがいを感じられなくなったり、仕事を楽しむことができなかったりします。しかし、**「能力を持った人は、努力する**

人に勝てない。努力する人は、楽しむ人に勝てない」という格言もあるように、仕事も楽しむが勝ちです。楽しむことが成功につながる近道だと思います。

8　オフィスの配置を替えてみる

オフィスや自宅も方位の影響を受けています。吉相のオフィスや自宅は、一歩入った瞬間にわかります。明るくて風通しがよく、机や事務機器（自宅なら家具や置物）などもうまく配置されていて動線もスムーズで居心地がいいものです。室内がきれいに整理整頓され、社員が働きやすそうなオフィスです。反対に凶相のオフィスは、日当たりが悪くてジメジメし、空気が淀んでいます。室内も乱雑で動線が悪く、仕事もしにくそうです。家相の知識がない人でも、こういうことは感覚としてわかるのではないでしょうか。

今あなたが仕事をしたり生活している所はいかがでしょうか。以下に記す「それぞれの方位がもつ意味」を参考に、現在のレイアウトを見直し、吉相になるように配置替えをして、〝**元気の出る職場**〟にしましょう。

北……部下運・夫婦円満・健康運・スタッフ運

落ち着いて仕事をするには、最適な方位と言えます。単調な仕事、技術開発など研究作業をすることなど、冷静沈着な判断をする人には、ぜひおすすめしたい場所です。

東北……家族・子供・兄弟・相続運

書斎または、今までの書類など会社にとって大切なものを保管するには最適です。この場所は清潔にしておくことが一番です。総務部、人事部に関係する人にはおすすめの方位です。

東……才能・発展・技術運

プレゼンテーションを行う、企画を立てるのには最適な方位であり、新人、新入社員のかたには無条件でおすすめです。

また音の出るもの、電話機、パソコン、ＯＡ機器を置くのにも、ぴったりの場所です。

東南……信用・結婚・事業運

人の出入りする会議室・応接間など談話をするスペース、あるいは社員、スタッフの休憩室を置くと、人間関係が良好になります。

また神棚にもよい方位です。

南……地位・名誉・出世運

企画、アイデア、デザインなど主に頭脳を使う人には、ひらめき、思いつきなど頭がさえて仕事面がスムーズに進むでしょう。

頭脳労働従事者（いわゆるホワイトカラー）には最適です。

また神棚にもよい方位です。

西南……妻・親戚・勤め運・朋友運

地味でも、会社にはなくてはならない人。例えば、事務経理の人にはぴったりの方位です。社長から見て女房役の立場の人、補佐役、労務関係、営業関係の人にもよい方位です。

西……結婚・金運

打合せ、交渉事、会議室、談話室、食堂など、人との和を楽しむ場所としてもおすすめです。

さらに、電話でのやり取りや、ユーザーの方に説明するお客様相談窓口にも最適です。

西北……夫・資金・援助運

ズバリ、社長室に最適の方位です。経営者の方には大事な場所です。

人の上に立つリーダーとしての貫禄が自然と出てきます。

また金庫、神棚を置くのにも良い方位です。

※傲慢になるな、謙虚たれ

この項目を加えるかどうか迷いましたが、経営者にとってとても大切なことなので、あえて付け加えておきます。

なぜ傲慢になるのか？

方位学は欲しい物をとるという考え方です。例えば、部下運や金運など、望むものを自分で取れるいわば **〝運のＵＦＯキャッチャー〟** のようなものです。人間、欲しいものが手に入ったら傲慢になりがちです。とくに経営者にとって、これは **〝最大の欠点〟** と言っても過言ではありません。成功はもちろん自分の努力もありますが、そのかげには多くの人たちの協力や助力があるはず。周りから助けられたり、紹介されたり、最初はすごく感激したり、感謝するのですが、それが当たり前になり、感謝する事もいつしか忘れてしまうのです。それを忘れて、おごり高ぶっているとロクなことはありません。それが方位学を始めて2～3年位から出始めるのです。

そういう私も経験しました。

だからあえて皆さまにお伝えいたします。

柴山壽子のひとりごと

誰でも、いろいろな事に遭遇します。

順風満帆の経営者の方は、いないと思います。

プロフェッショナル・カンブリア宮殿に出ている成功者の方々、皆、異口同音に「もう倒産を覚悟した」など皆様それこそ究極の場面を何度も経験しています。

その時、成功者は必ず、どう動くか、どう対処すべきかを考えます。

そして、その時の決断、考えで行動し、結果、成功への道へすすんでいっています。

その事をくれぐれもお忘れなきように。

第7章　私の方位学人生（Part 2）

「これからどうやって生きていけばいいのか……」

最終章のこの章では、第1章でお話した「私の方位学人生」の続きをお話します。

主人が亡くなったとき、二人の娘はまだ8歳と4歳でした。

「これからどうやって生きていけばいいのか……」

最愛の夫を失った悲しみに加えて、先が見えない不安で胸が押しつぶされそうでした。

そんなある日、つくば市への工場誘致のために工事関係者が住まいを探しているという話が持ち込まれ、わが家の空いている5部屋（お店だった部分）を寮として貸すことがすんなり決まり、親子3人、食べるに困らないだけの家賃収入が入ることになりました。これで、ひとまず生活費の心配がなくなり、胸をなでおろしたのでした。

後でわかったのですが、この、降ってわいたような幸運話にも方位が作用していたのです。第1章で「大凶相だった家をリフォームしたら、それが吉相に変わっていた」というお話をしましたが、それがこういう形で現れたのでした。しかし、まだ方位の作用なんてあるものかと思っていた私は、その時点では「運が良かった」と思うだけでした。さらに運が良かったことに、主人が遺してくれたゴルフの会員権が売れたので、これを元手に、私は事業を始めることにしました。平成３年６月、有限会社ジェイ・アイ・シー企画としてスタートです。

凶方位の恐ろしさを、身をもって知る

その後、私に新たな不幸が重なりました。

事業を始めたのを機に、気分を一新しようと引っ越ししたまでは良かったのですが、その後自動車事故を立て続けに４回も起こしてしまったのです。不幸中の幸いというべきか、いずれも人の命にかかわるほどのものではなかったのですが、３度目のときに自動車保険に入れなくなり、４度目の事故では、買ってから2年も経っていなかった車を大破してしまいました。保険に入る事ができなかったために、全て自腹で処理するしかなったのです。

しかし、これはまだ不幸の序の口だったのです。

しばらくして、事務所を移して事業の拡大を図ったのですが、最初の資金導入こそ何とかうまくいったものの、５０００万円なければ始められない事業を、焦って１５００万円で見切り発車してしまったのです。

大幅な資金不足ではじめた事業は、当然うまくいくわけがありません。破綻はすぐにやってきました。「なんとかなる」と自分を過信し、慢心していたのだと思います。今振り返ってみれば、未熟だったと思います。

そんな状況から抜け出したいと思った私は、再び引っ越しをして運気を変えようと考えました。しかし、引っ越しをするお金すらなくて、友人に１００万円を借り、10キロほど離れたところに2階家を借りました。

ところが、よほど引っ越しの手順が悪かったのか、１日かかっても荷物が半分しか運べません。たしかに荷物は多かったのですが、引っ越し屋さんの２人のスタッフのほかに、便利屋さんを3人頼み、合計5人で作業をしてもらっていたので大丈夫だろうと思っていました。それなのに1階の荷物は手つかずで、2階の荷物しか運べなかったのでした。

あまりにも予定通りに進まない引っ越しに、なんだか余計に運が悪くなったようで、薄ら寒い気持ちになりました。

そんな気持ちに追い討ちをかけるように、１本の電話が入りました。それは、かつて友人に頼まれて２００万円の保証人になっていた金融会社からのものでした。

「５日後までに１５０万円払ってくれ」

電話の向こう側の人は、有無を言わせないきつい口調で言いました。

やっぱりこの引っ越しは失敗だったのだと確信した私は、引っ越し屋さんに荷物をもとの家に戻すように頼みました。

しかし折悪しく、３月の引っ越しシーズンとあって、すぐに手配ができず、１週間も炊飯器もない家で、娘たちとカップ麺をすすって過ごさざるをえませんでした。

さらに、もとの家に戻るときも、引っ越し屋さんが道を間違えてしまい、１時間も遅れてしまったのです。引っ越し屋さんも、「こんなに手間取った仕事は初めてだ」と驚いていました。

そんな中、さらにアクシデントは続きました。もとの家に戻ってから間もなく、今度は私自身に胃ガンの疑いが見つかったのです。まさに青天の霹靂でした。

それまで歯をくいしばってがんばってきましたが、さすがにそのときばかりは進退きわまってしまいました。

このとき私は改めて方位と向き合い、**「方位を信じてみよう」**と心を動かされたのです。医療が日々進化している今現在、胃ガンといえば、そんなに大きな病気ではありませんが、当時は胃ガン＝手術で、これは私にとって死を意味するものだったのです。

今思うと、その頃が一番のどん底状態でした。家賃に加えて、２口の返済、従業員の給料。黙っていても毎月１００万円以上が出ていくのです。さらにコピー機などのローンの支払いもありました。われながら、よく生きていたと思います。

私は再び引っ越すことにしました。今度の行き先は、親が死んでから空き家になっていた私の実家です。そこなら家賃はかかりません。しかし、そのときも引っ越し代がなかったのです。

そんなとき、突然、救世主が現れました。子供の頃から私をかわいがってくれていた人が15万円を出してくれたのです。ありがたい15万円でしたが、それを使ってしまうと、子供の通学定期代も出せなくなってしまいます。

そこで私は一計を案じました。クレジットカードで引っ越し代を払い、手元のお金で食いつないだのです。毎月２回の支払いを滞らせたら友人にも迷惑をかけるし、自分や会社の信用にもかかわります。とにかく石にかじりついてでも支払い続けるしかありません。

当時、私は日記をつけていましたが、毎日毎日、「苦しい」としか書くことがなかったので、さすがに嫌気がさし、途中で破いて捨ててしまいました。

そんな日々が１年くらい続いたある日、大きな転機が訪れました。なかなか申請が通らなかった国民金融公庫（現国民生活金融公庫）から、融資が受けられることになったのです。

「これで生き延びられる……」

嬉しくて、天を仰いで神に感謝したものです。一筋の光明を見出した私は、それを足掛かりにじわじわと業績を回復し、借金も何とかすべて返済することができました。

プロの鑑定家としてスタート

平成10年、茨城県土浦に事務所を設立しました。そして、プロの鑑定家としてスタートして3年目の平成13年10月、仙台に事務所を設立。新たなチャレンジです。**磁北説か、真北説か**、自分自身で確かめるために!!

そして平成15年3月、東京事務所設立。翌年の平成16年、目白へと。

さらに翌年の17年10月に自宅を土浦より東京へ引越し、19年に事務所を西麻布へ、22年に元麻布へと引っ越します。

翌年の23年に、あの〝未曾有〟の東日本大震災が起きたのです。

方位が変わる?　動いてしまった??

さて、23年のあの東日本大震災の約1年後の24年に、当時住んでいた元麻布のマンションのエレベーター工事が始まったのです。しかも暗剣殺方位の工事だったので、嫌な予感はしたものの、止めることもできずに我慢していました。

ところが間もなく、生まれて初めてのとんでもない経験をするのです。

〝アナフィラキシーショック〟です。

毎年、よくテレビなどで報道されている、スズメバチによるショックと似た症状が、私自身に起きたのです。

ＮＨＫのある番組の再放送を見ていたときに体がかゆくなり、湿疹が出始めたので、異変を感じて、すぐ近くの病院（日赤）に車を運転して行ったのですが、待たされること約１時間。その間、異常事態が起きたのでした。冷や汗が出てきたと思ったら、顔から体の中のものがすべて飛び出すような、そんな感覚でした。

治療室では先生の**「アドレナリン、早く！」**という声や、看護婦さんが私に「しっかりして!!」と叫ぶ声を聞きながら、真っ先に脳裏をよぎったのは、子供たちの顔でした。

このままでは死ねない、生きなければ……と。

アナフィラキシーショックというのは窒息死のことだと、そのとき初めて知りました。

た。運よく一命は取りとめたものの、原因はわからないままでした。もちろん、ありとあらゆる検査はしたのですが。

こんなことがあって、平成25年から異常とも思える大工事が始まり、それがなんと、3年間続いたのです。

電線を地中に埋める工事、道路を大きく割っての水道工事、やっと終わったと思ったら、ガス管を取りかえる地中工事、そして、電気工事などの配管・配線工事等信じられない工事が次々と行われ、重機の音、道路工事の看板、もう信じられないほど、工事、工事と続いていったのです。道路は全くふさがっていて、車で事務所の車庫に入る事も出来ず、事務所に出入りする事も出来ず、それどころか、歩くことすらままならなかったのでした。その間私は、3回も救急車で運ばれる事態になり、アナフィラキシーショックの症状の進行を一時的に緩和し、

ショックを防ぐための補助治療剤、エピペンは私の命を救う自己注射で手放すことは出来なくなってしまいました。

神職のひと言

忘れもしない、平成27年12月４日のことでした。毎年暮れの12月に、お世話になっている神社の方が、わざわざたずねてきてくださるのですが、その方が帰り際にひと言、**「先生、未練があるでしょうが、今度倒れたら持っていかれますから、ここを離れてください」**と。

わかっていたのです。ここにいては駄目だと、うすうす感じてはいたのですが、広さも十分あり、場所も私の好きなところだったので、正直離れたくなかったのです。しかし、神職のその言葉を聞いたとたん、すべてを察しました。

平成28年１月16日、引越し先を決めて、３月10日に西麻布へと移りました。私が動いて20日後の３月31日に、すべての工事が終わったのでした。

結局、大きな工事で、**想像を絶する大量の土を入れ替えたために、〝方位が変わってしまった〟**ということです。

信じられないでしょうが、これも事実です。

このように、私はあらゆる方位にチャレンジして、命にかかわるようなことも身をもって体験してきました。いろいろなことを経験してプロになった今、そうしたことも決して無駄ではなかったと思っています。

なぜなら、机上の空論ではなく、実体験に基づいたアドバイスをすることができるからです。

私は経営コンサルタントでもありますが、特に相談者様の病気を解決することは得意です。自分の体を使って、あらゆる方位に数えきれないほど動いてきていますから、何が原因かということが職業的直感でわかるのです。

「この方位を犯したらどうなるのだろう」といった疑問をはじめ、体験して初めてわかることもたくさんありましたので、私のこれまでの貴重な経験を踏まえて、おみえになる相談者の皆様の悩みをより深く理解してあげられ、同時に的確な指導ができると自負しています。

私の人生は方位に翻弄され、数々の不幸にも見舞われてきましたが、そのつど脱出することができ、今この本を通して皆様に出会えたことを思うと、感謝の気持ちでいっぱいです。

あなたも方位学の叡智を活用すれば、かつて私が体験したように、不幸を幸せに変えることができます。東洋の思想に裏付けられた本格的な方位学による鑑定はプロに鑑定してもらうのが一番です。

私はいろんなところで事あるごとに書いたりお話したりしているのですが、方位学が他の占いと決定的に違う点は**「問題を解決して、開運に導くこと」**です。しかし、この「問題を解決する」というところに、実は鑑定の限界があるのです。

プロの鑑定師として、その人が抱えている問題を解決するために良い方位（吉方）をアドバイスするのは簡単なことですが、根本的に解決するためには、時には法律の専門知識が必要になる時もあります。

そこで私は医師や弁護士、建築士など専門知識をもっている人たちとネットワークを築き、いつでもどんな相談にも応じられるような態勢をとっています。言い換えるならば、そこまでしないと責任のもてる鑑定はできないのです。

方位は紛れもなく私たちに大きな影響を与えます。私は机上で学んで得た知識だけでなく、実際に自分の体を使って、ありとあらゆる方位にチャレンジし、方位の作用（影響）をイヤというほど経験しているので、そのことも実証済みです。

五黄殺を犯せば、必ずその作用は出てきます。もちろん暗剣殺も本命殺も、本命的殺もしかりです。しかしながら、**苦境に立たされている当の本人は、原因が何であるかわからず、歯車が少しずつ狂いはじめていることに気がつかないのです。**

この本のタイトルを『**儲かる社長の方位のルール**』としましたが、厳密にいえば〝方位の法則〟と言ったほうが正確かもしれません。なぜなら方位の作用はまるで法則のように厳然として存在し、私たちに影響を及ぼすからです。法則である以上、何人たりとも逃れることはできません。

一度、自分で経験してみてください

ここまで読んできて、「ほんとに方位学なんて効果があるの？」「方位なんて迷信じゃないの？」とまだ半信半疑の方がいらっしゃるかもしれません。

それも無理のないことだと思います。方位学を長年勉強してきた私でさえ、方位や方位学が本当にあると確信するようになるまでにはずいぶん時間がかかったのですから。

私の場合は、方位の作用が出ても、それを方位の作用だと信じたくないという気持ちが強くありました。なぜかといえば、それまであらゆる占い、手相、姓名判断、霊能者、除霊、お祓い、先祖供養、宗教などにすがり、莫大な金額を投じても、死を宣告された夫を救うことができなかったからです。

「占いなんて、絶対に信じるものか！」と思っていた私が、方位や方位学を認めてしまったら、なぜ方位学にもっと早く出合って夫を助けることができなかったんだろうと自分を責め、悔やむからです。

でも、間違いなく方位の作用はあります。北に行って南の作用が出ることはありませんし、東に行って西の作用が出ることもありません。

また大凶殺の方位に行って成功した例など一度も見たことはありません。みんな行った方位の徳を受け、行った方位の災いを受けているのです。

ですから、**経営者のみなさん、もし「開運したい」と強く望まれるのでしたら、来てみてください。**一回鑑定を受ければ、必ず何らかの形で方位の作用を実感できます。それが実感できれば、本当に方位の作用があることを信じられるはずです。

私のお客さまが、みなさんリピーターとなってくださるのは、それぞれの方が自分なりの効果を感じていらっしゃるからだと思います。私は霊能者でも占い師でもありません。

私の鑑定で運をつかむことができるのは、そこに間違いなく方位の作用があるからです。

私は方位学鑑定家として経営者の皆さんにアドバイスを行っていますが、一方で経営者としても頑張ってきました。自らさまざまな事業に取り組み、時には失敗してきた経営者です。自分で事業をやってきたという経験を活かし、その上に方位学を用いてアドバイスを行っていますので、どうぞ「単なる占い師だろ」と思わず、同じ経営者仲間として私の話を聞いてください。きっとあなたのお役に立てるはずです。

あとがき

最後まで読んでくださり、お疲れさまでした。目に見えない方位に、信じられないような力があることをわかっていただけたでしょうか。かつての私がそうであったように、半信半疑の方は、この本を読まれたのも何かの御縁。ぜひ一度ご自分で試してみられてはどうでしょう。

私は、普段は経営者の方だけでなく、さまざまな人を鑑定しています。健康や良縁、自身のことだけでなく家族のことなど、内容も深刻度もさまざまですが、いつも変わらない思いで鑑定しています。

「この人が悩みから解放され、思い通りの運を得られるように力になりたい」と。

私の思いは、あなたに届いたでしょうか？　あなたが本気で成功者を目指そうとするのであれば、覚えておいてください、私はそれを全力でサポートします。

今、この本を読み終えようとしているあなたは、すでに「開運」に向けた道を動き

始めています。成功者を目指すのか。それとも「方位なんて自分とは関係がない」ものとして、

この先を生きるのか。それはあなたの自由です。

少なくともこの本を読んだことが、経営者としてのこれからに、何らかのプラスとなることを願っています。近いうちにまたお目にかかれますことを楽しみにしています。

最後に

この原稿を書いているうちに、**平成**から**令和**へと、新しい時代の幕が開けました。

ご存知のように、天皇陛下の即位に続き、それに伴う「**大嘗祭《だいじょうさい》**」という儀式が執り行われます。

大嘗祭は御代替《おみが》わりにおける最も重要な神祭りと

「亀卜」で使う亀の甲

され、古来伝統的な形式を皇室と国民が一つになって守り続けてきたものです。

先日、NHKのニュースを見ていましたら、大嘗祭で神々に供える米を育てる地方は、古来より宮中に伝わる「亀卜《きぼく》」という占いによって決められることを報じ、儀式を前にして宮内庁が亀卜で使用する道具の映像を公開していました。亀卜とは亀の甲羅をあぶって、ひびの入り具合で物事を決める占い方法のことを言います。

太古から伝わる占いが、大嘗祭という国家の重大な儀式に受け継がれていることに深く感銘を覚えました。時代は移り変われども、このような伝統が幾久しく大切に守られていかれるようにと祈らずにはいられません。

2019年9月27日

柴山壽子

巻末付録　金運を呼び込む玉手箱

① 印　鑑

印鑑にも印相がある

家に家相があり、人の顔に顔相（人相）があるように、印鑑にも印相があります。「印相学」といって、印鑑について専門に研究している人もいます。

現在はＡＴＭが行き渡っているので銀行や郵便局でのお金の出し入れが自動的にできるようになったため、印鑑を使うことは少なくなりましたが、家や車、土地などの売買はもちろん、身近なところでは宅急便や書留を受け取ったりするのにも印鑑が必要です。誕生、結婚、死亡の届けなど、重要なことを証明するときも印鑑は欠かせません。もちろん、お金とも深い関係があります。

にもかかわらず、これだけ密接に私たちの生活と結びついている割には、印鑑についての基本的なことすら知らない人が意外に多いのです。金運を呼び込むためにも印鑑についての基本的なことを覚えておきましょう。

実印・銀行印・認印の3本セットで揃える

よく認印と銀行印を兼用している人がいますが、それは正しくありません。印鑑にはそれぞれ別個の働きがあるので、最低でも実印・銀行印・認印の3本は揃えておく必要があります。

ご存じでしたか？　印鑑は押す前に押していいものか悪いものかと、じっくり考えさせるために上下がよくわからないようになっていることを。押すときは上下を確認し、ムラが出ないようにゆっくりとていねいに押します。

背に凹み《くぼ》（えぐり）をつけて文字が上か下かすぐわかるようになっている印鑑もありますが、これがいわゆる「三

文判」と呼ばれるものです。

　このような印鑑は荷物や書留などの受け取りに「認印」として気軽に使うのはかまいませんが、金融機関や不動産、自動車、保険関係といった重要な書類には使用せず、実印を使うようにします。

　ところで、みなさんは無意識に印鑑のケースを開け閉めしているかもしれませんが、印鑑ケースは上と下の高さが違っているのです。これには意味があって、親指と人差し指で開けるときに上下がおのずと決まるように作られているわけです。

　また、ケースの中に朱肉がありますが、これは内臓を表しており、実際に使うものではありません。そのために別売りのちゃんとした朱肉があるのです。

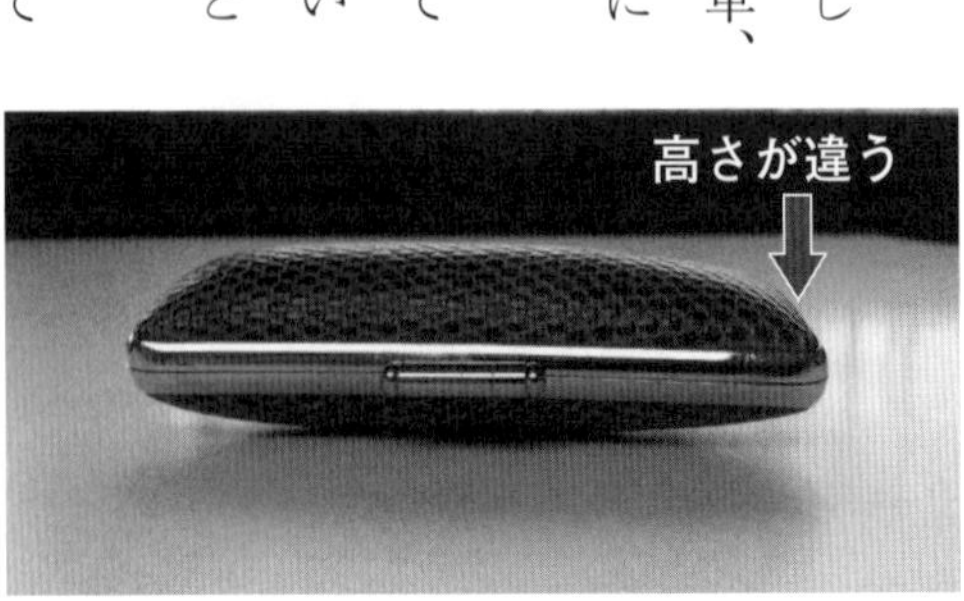

素材は国産の本柘植《ほんつげ》がベスト

印鑑は金運や仕事運を左右する大切なアイテムですから、上質できちんとしたものを持つようにしてください。

印鑑の素材は国産の本柘植《ほんつげ》がベストです。

象牙や水牛などの動物の角や、水晶や翡翠《ひすい》、瑪瑙《めのう》といった天然石（宝石）、人工樹脂印などもよく用いられますが、やはり国産の本柘植が一番でしょう。天然石は冷たい陰性のものなので印鑑としては大凶とする説もあります。

その他、握り部分が黒水牛で印面が象牙といった組み合わせの印鑑、印面の欠けたもの、指輪印、親や兄弟などの印鑑を自分用に掘り直した印などは凶とされています。

印鑑の正しい処分のしかた

ところで、みなさんは不要になった印鑑をどう処分していらっしゃいますか。そのままポイとゴミ箱に捨ててはいませんか。

印鑑を処分するときは、いきなり捨てるのではなく、長く使っている間に込められたさまざまな念を抜いてから捨てるようにします。

方法としては、柔らかい布などで全体をきれいに拭いて汚れを取り、白い布か白い紙（和紙がいいでしょう）にくるんで暗いところに保管します。1年くらいたてば印相も抜けますから、いつ処分してもかまいません。

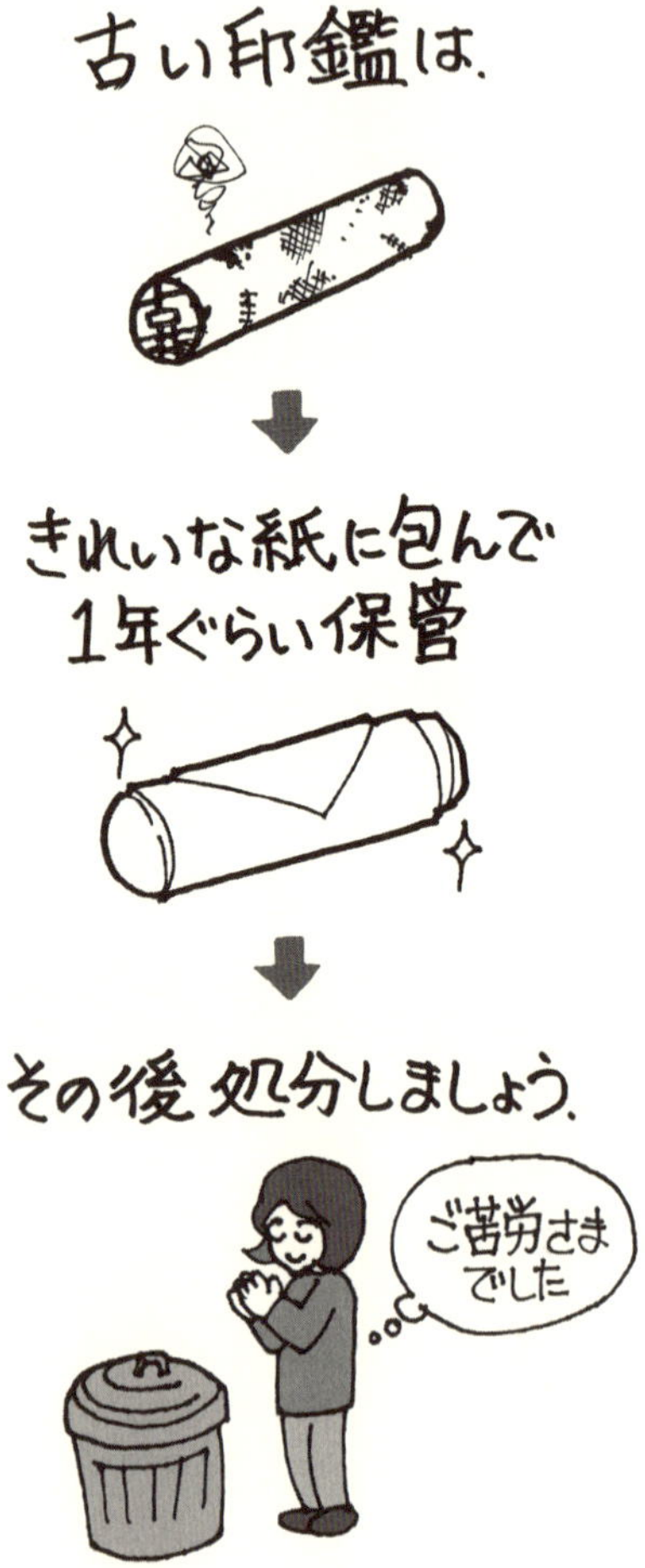

そのときは「長い間、ご苦労さまでした」という気持ちを込めて処分すると、使用していた側としても気持ちがいいと思います。ちなみに、印鑑ケースはそのような方法をとる必要はないので、そのまま処分してもかまいません。

②財布

財布とは読んで字のごとく、**財を入れる布**のことです。お金の家であり、部屋でもありますから、お金にとって居心地の良いものでなくてはなりません。

お金を大切に扱う人はおのずと財布も大切に扱います。大切にされている財布には、お金も喜んで集まってきます。

財布を持たず直接ポケットに入れて持ち歩いている人を見かけることがありますが、言語道断と言わなければなりません。お金を〝家なし子〟にしてはいけません。

お財布はお金持ちになるためにはとても大事なものです。

この機会に、ぜひ見直してください。

あなたの財布はどのタイプ？

ところで、あなたはどのような財布を使っておられますか。いまお手元にありましたら、ちょっと取り出してみてください。

ここに3つのタイプの財布をあげてみました。あなたの財布は①〜③のどれにいちばん近いでしょうか。

①おデブでボロボロの財布

お財布はいつもパンパン、ポイントカードもレシートもぎっしりの財布、一番多いのではないでしょうか？　特に女性に多いですね。長財布で収納力もばっちりなので、ついついなんでも入れてしまう。ポイントカードはもちろんレシート、買い物リストのメモ書き、場合によっては特売の広告まで……。

財布というよりはちょっとした小バッグ状態。当然こんなお財布ではお金は貯まりません。

持ち主の方にお話をうかがっても、「お金は貯まりません。金運に恵まれてないのかも……」と言います。

これではお金も居心地が悪くて寄ってこないでしょう、金運に恵まれない財布といえます。

②マネークリップタイプのおしゃれな財布

本来、マネークリップは欧米でチップのお札をはさんでおく留め金として生まれたものですが、最近では財布代わりに使う人が増えているようです。スマートだからとか格好いいからと、若い方を中心に人気があるようです。

このタイプはどちらかというと「成金タイプ」。決してお金は残せません。実際、持ち主の方のお話では、「入ってきてもすべて出ていってしまう」とのこと。こちらは浪費型の財布といえます。

③年収1億円以上の社長が持つお金に愛される財布

レシートは絶対に財布に入れないと決めているようです。お金の向きもきちんと整えられており、無駄なものは一切入っていません。持ち主の方によると、最近はあまり現金を持ち歩かないが、財布はいつもきれいにしておくことを心がけているそうです。「お金を大事に扱うと、お金が喜んでくれて、またきてくれる」とのこと。お金を大切にし、使い方を心得ている人が持つタイプの財布です。

どうでしょう。①～③の中で、どれがいちばんお金に好かれる財布だと思いますか。言

うまでもなく、③でしょう。

これまでたくさんの方の財布を見てきましたが、成功者の財布には次のような共通点があります。参考になさってはいかがでしょう。

お金に好かれる財布・成功者の財布

①お金以外の余計なものは入れない

財布には、お金以外のものはできるだけ入れないようにします。

お金のほかに入れてよいのは、お金に直接つながる商品券、クレジットカードやプリペイドカード、キャッシュカードのみ。それ以外の診察券、会員カード、ポイントカードなどは別のカード入れやポーチなどに入れて持ち歩くようにします。

また二つ折りの財布より長財布のほうが、よりパーフェクトに近いといえます。

小銭ケースと分けて使用します。

②お金の向きをきちんと揃えて入れる

財布にお金を入れるときは、お札の向きをきちんと揃えたほうがいいでしょう。お札の向きがきちんと揃えられた財布は見た目にも美しく、端から見ても気持ちがいいものです。

1万円札とそれ以外のお札（5千円札、千円札）は分けて入れるなど、お札を入れる場所とルールを決めておくのもよいでしょう。サッと取り出せて便利なだけでなく、だいたいどのくらい入っているのか一目瞭然ですから衝動買いや無駄遣いを抑えられます。

しわしわのお札や汚れたお札、余白をメモ代わりにして文字を書き込んだお札、隅が少し欠けたお札などをたまに見かけますが、そういうお札は運気を下げるのでNGです。

③マメに手入れをする

財布に不要なエネルギーが入り込まないよう、マメにお掃除をすることも大事です。

最低でも月に一度は中身をすべて取り出してポケットの隅に溜まっているゴミをかき出すようにすると、それだけで悪い気が溜まらず、金運の上がる財布になります。

④くたびれてきたら買い替える

長く大切に使うのはいいことですが、財布も長く使っているとくたびれます。シミがついたり、縫い目がほつれたりしているような財布は金運から見放されます。財布がくたびれてきたなと思ったら買い替えましょう。

⑤その他

「財布の色は黄色か金色がいい」などと言われていますが、要するに、お金が貯まる・貯まらないは、その人のお金に対する意識の問題といってもよいと思います。

お金を大切に扱っている人は、その気持ちが財布にもお金の使い方にも表れて、お金の貯まる体質になります。

財布を買い替えるときの極意

この本を読んでお財布を買い替えようとしている方、実はチャンスです。自分よりも裕福な人、金運の良い人からお財布をプレゼントしてもらいましょう。といっても親子や夫婦、親しい友人でないと、なかなかプレゼントはしてもらえないかもしれませんね。その場合は金運の良い人に買ってきてもらい、後で費用を精算しましょう。

実際には自分で買ったことと変わらないのですが、金運がある人にもし自分が使うなら、という視点で購入してもらった財布は、あなたが選んだ財布よりも、はるかに金運が強い財布なのです。

〈著者紹介〉
柴山壽子（しばやま　ひさこ）
プロフェッショナルカウンセラー。
高校時代に千葉大学教授・多胡輝（たごあきら）氏の本と出会い、その後独自に研究を重ね、最終的に方位学にたどり着く。

1998（平成10）年、茨城県土浦市に事務所を開設。
2001（平成13）年、宮城県仙台市に事務所を開設。
2003（平成15）年、東京に事務所を開設。
2004（平成16）年、日本文化振興会社会文化功労章受章。
2008（平成20）年、易聖授与。
2009（平成21）年、神奈川県・寒川神社方徳資料館に方位学資料提供。
2016（平成28）年、奈良県・大神神社奉賛会発起人・理事。

方位学の実効性を証明すべく検証を積み重ね、国内外問わず自らの体を使った研究で、独自の方位学を確立した。
以来、各方面から相談、依頼を数多く受ける。

「方位さまさま・気学さまさまシリーズ」として
『開運したくない人はお読みにならないでください』（小社刊）
『本当の方位学・気学教えます』（小社刊）
『家相と運　ちょっと待って家を買う人なおす人』（小社刊）
『経営者が泣いて笑って喜ぶ本』（小社刊）

そのほかに
『三年続けてお参りすれば一生お金に不自由させまいすまい』（小社刊）
『動運方位学』（ごま書房新社刊）
『神さまどうぞよろしくお願い申し上げます』（ごま書房新社刊）
『儲かる社長の神事のルール』（LUFTメディアコミュニケーション刊）
など、著書多数。

儲《もう》かる社長《しゃちょう》の方位《ほうい》のルール

2019年9月27日　第1刷発行
2025年2月6日　第2刷発行

著　者　　柴山壽子
発行人　　久保田貴幸

発行元　　株式会社 幻冬舎メディアコンサルティング
〒151-0051　東京都渋谷区千駄ヶ谷4-9-7
電話　03-5411-6440（編集）

発売元　　株式会社 幻冬舎
〒151-0051　東京都渋谷区千駄ヶ谷4-9-7
電話　03-5411-6222（営業）

印刷・製本　シナジーコミュニケーションズ株式会社
装　丁　　江草英貴

検印廃止

Printed in Japan
ISBN 978-4-344-91894-8 C0034
幻冬舎メディアコンサルティングHP
http://www.gentosha-mc.com/